いじめ
問題解決
ハンドブック

教師とカウンセラーの 実践を支える
学校臨床心理学の発想

山本 奬・大谷哲弘・小関俊祐 著

金子書房

はじめに

　いじめ問題の解決のためには，子どもに関わるすべての大人が，『いじめは絶対に許されない』『いじめは卑怯な行為である』との意識を持ち，すべての子どもに『いじめは決して許されない』ことの理解を促し，『いじめを受けた児童生徒を徹底して守り通す』姿勢が大切だといわれています。これらの意識や姿勢は，文部科学省が定める「いじめの防止等のための基本的な方針」で触れられているもので，誰もが同意できる基本的な事柄だと思われます。そして，正義と責任を重んじる姿勢や公正な判断力や規範意識を育むことがいじめ問題の解決につながるという考え方に異を唱える人もいないことでしょう。

　しかし，現実はもう少し複雑で，前段で触れた基本方針には，「好意から行った行為が意図せずに相手側の児童生徒に心身の苦痛を感じさせてしまったような場合」もいじめ防止対策推進法が定義するいじめであり，「軽い言葉で相手を傷つけたが，すぐに加害者が謝罪し教員の指導によらずして良好な関係を再び築くことができた場合」も同様にいじめに該当することが述べられています。このとき『いじめは絶対に許されない』『いじめは卑怯な行為である』という意識を持つことや，『いじめを受けた児童生徒を徹底して守り通す』という姿勢で臨むことには戸惑いを感じます。加害者に正義と責任を重んじる姿勢や公正な判断力や規範意識が欠けていたとも思えません。いじめ問題を解決したいと願う支援者は，このような違和感をどのように整理したらよいのでしょうか。上記のような極端な例に限らず，いじめ問題に対応しようとすると，一筋縄ではいかない複雑な問題にしばしば遭遇します。

　このようなとき，正義と責任を重んじる姿勢や公正な判断力や規範意識を育むことは，教育の理想ではあるけれども，現実の指導や支援はこれとは異なることを理解しておいたほうがよいのかもしれません。ただしそれは，現実を受け入れて妥協することが必要だとする主張ではありません。ここでは学校教育を3つの側面で整理することが，その理解に役立ちそうです。

　学校で行われる様々な教育活動は，3つの側面で捉えることができます。教科に関することであっても特別活動などにおいても，教育活動は『査定』から始まります。その児童生徒が，今，何ができて何ができないのかという見極めです。例えば，「この児童やこのクラスの多くの児童は，長方形の面積の求め方はわかるけれども，三角形の面積の求め方はわからない」という現状の評価が『査定』であり，これが1つ目の側面です。次の側面は『目標』です。子どもには遠い将来，多次元の図形を量的に捉えられるような優れた数学的な概念を獲得してほしいと

i

は思いますが，その理想とは別に，この授業で，この単元で，今学期，今年度，小学校卒業までには，という一定の期間内に達成されるべき具体的な『目標』が設定される必要があります。それは実現可能なゴールであり，これが2つ目の側面です。そして，子どもの成長のためには，その『査定』と『目標』の間をつなぐ，授業展開の工夫などの『方策』が必要になります。それが3つ目の側面です。

　少し遠回りになりましたが，いじめ問題に話を戻しましょう。正義と責任を重んじる姿勢や公正な判断力や規範意識を育むことは，大切なことであり理想ではありますが，目の前の教育活動において完成できる『目標』ではありません。このような理想が先行すると，例えば「人を妬ましいと思ってしまう気持ちはあるけれど，相手を攻撃するようなことは言わない」という『査定』がおろそかになったり，まったく為されないことになったりします。それは，「人を妬んではいけない」という理想が勝ってしまうからです。児童生徒やその集団の『査定』がなく，具体的で達成可能な『目標』がないとき，『方策』は抽象的になりがちです。「寄り添い」「向き合い」「適切に」「きめ細かく」「毅然として」「徹底して」という，耳障りはよいのですが具体的に何をすればよいのかがわからない，不明瞭なものになります。さらにこれを「組織的に」「合意形成し」「計画的に」という抽象的な言葉で一括りにしたとき，あたかも「適切」な対応ができているかのような雰囲気になると同時に，これに関わる教職員には，何のために，何をどこまですればよいのかが不明のまま，底無しの努力を求めることになり，関係者を疲弊させます。

　本書は，いじめ問題を解決しようと誠実に努力されている様々な職種のみなさんに，理想とは少しだけ離れたところにある現実のお話をしようとするものです。その現実には思いやりや正義感など肯定的な側面だけではなく，人の欲や弱さや葛藤や思い込みという否定的な側面が含まれます。そのどちらも人の本心だと理解し，どちらも大切に扱おうとする学校臨床心理学の発想を用いることで，いじめ問題に係る人間の心や行動の仕組みをどのように理解したらよいのか，それに基づいて何を目指せばよいのか，そしてその間をつなぐ具体的な方策についてどのようにアイデアを生み出せばよいのかを，お伝えしようとするものです。そこには「いっしょうけんめい」よりも「上手に」を大切にしたいという気持ちも込められています。

目　次

　　はじめに　i

Ⅰ章　いじめ問題を複雑にしているもの　　　　　　　　　　　　　　　1

　　1．いじめ問題の課題　1
　　2．いじめの定義のポイント　10
　　3．人間関係づくりの練習の場としての学校　14

Ⅱ章　いじめ発生のメカニズム──行動・認知・ストレスに焦点を当てて　24

　　1．いじめ状況を整理する視点　24
　　2．行動分析に基づく理解　25
　　3．認知行動療法に基づく理解　36
　　4．ストレスモデルによる理解　41

Ⅲ章　いじめに対する予防的介入──認知行動療法をベースにしたアプローチ　47

　　1．社会的スキル訓練による予防的介入　47
　　2．認知再構成法による予防的介入　54
　　3．問題解決訓練による予防的介入　56
　　4．介入手続きの選択にあたって　60

Ⅳ章　いじめの発見　　　　　　　　　　　　　　　　　　　　　　　　64

　　1．いじめを早期発見するための校内体制づくり　64
　　2．いじめを早期発見するための方法　70
　　3．電話相談が備える機能に学ぶ　87

V章　いじめへの対応　90

1．学校いじめ防止基本方針に基づく自校の取組の点検　90
2．事実確認の仕方　93
3．指導と援助のポイント　97
4．関係機関との連携　112

VI章　重大事態への対処　119

1．重大事態とは　119
2．重大事態に至る原因　120
3．重大事態の対応から学ぶ　121
4．保護者会の持ち方　132
5．マスコミへの対応　138

資料：【記名式】学校生活アンケート（例）／【無記名式】学校生活アンケート（例）　141

おわりに　146

コラム

1 ● OECDによるいじめの捉え方　13
2 ● 保護者への伝え方　20
3 ● いじめの指導は成長モデルか？　22
4 ● 不合理な信念　39
5 ● 他責という処理　43
6 ● 体罰というモデル　45
7 ● 予防的介入のステージモデル　62
8 ● スクールカウンセラー活用の留意点　68
9 ●「指示できない症候群」の管理職　71
10 ● 正直になるのは児童生徒か？教師か？　78
11 ● 願いは否定的に表現される　85
12 ●「見ていただけ」という主張　106
13 ● 謝罪の会の役割　113
14 ●「話し合い」という二次被害　114
15 ●「支援」にひそむ傲慢　115
16 ● ネットいじめの本質　116
17 ● 自死予防の取組　126
18 ● 子どもの危機レベル　132

I章 いじめ問題を複雑にしているもの

1. いじめ問題の課題

(1)「いじめ」とは何か？

　「いじめた児童生徒を叱り，いじめられた子どもを守る」——この明確な原則で，なぜいじめ問題は解消されないのでしょうか。自死や不登校を伴う深刻ないじめに教師はなぜ対応できないのでしょうか。いじめを受けていること，あるいは学級の中でいじめを目撃していることを，なぜ子どもは教師にも保護者にも話そうとしないのでしょうか。「いじめ根絶」「いじめを絶対に許さない」という威勢のよい言葉も，このような素朴な疑問の前では頼りなく感じます。

　そもそも，いじめとは何なのでしょうか。例えば，〈集団登校をする小学生の列の中で，先頭を歩いている6年生のリーダーが後ろを振り返ると，2年生の児童が車道に出ている。そのときリーダーが「列に戻りなさい」と慌てて注意をした〉。この普通に見られる日常の様子に，いじめを感じることができるでしょうか。例えば，〈消しゴムを忘れた子どもが隣の席の子どもから何も言わずに消しゴムをそっと借りて使い，そっと返した〉。この中にいじめは認められるでしょうか。次はもう少し長い事例です。〈体育の時間にバスケットボールの試合を行ったが，球技が苦手であるA君はB君からミスを責められたり，みんなの前でばかにされたりしてとても嫌な気持ちだった。しかしB君と仲が良いC君が，「かわいそうだよ」と助けてくれて，それ以来，B君から嫌なことはされていない。その後，A君もだんだんとバスケットボールがうまくなっていき，今では，B君に昼休みにバスケットボールをしようと誘われ，それが楽しみになっている〉。

　集団登校の事例も消しゴムの事例も，実際に学校でいじめと判断され，文部科学省が行う調査に，いじめ事案として報告されたものです。バスケットボールの事例は文部科学省[1]が作成し，全国の学校に示した架空事例ですが，同省はこれをいじめ事例として示しています。このような事例をいじめと呼びながら，「いじめ根絶」と唱えることには違和感が残ります。

　もちろん，いじめが軽微なものだと指摘したいわけではありません。自死を伴ういじめ事案では，暴行や器物損壊，窃盗や恐喝など違法性が指摘されることも多く，被害者が追い詰められた状態に

あったことが報告されています。暴力のあるいじめとないいじめ、違法性があるいじめとないいじめという区別がされることもあります。しかし、集団による無視など、暴力はなく刑法上の違法性が不明瞭なものであっても、被害者に深刻な影響を与えた事例も多く報告されていますから、この区別によっていじめとは何かが明確になるわけでもなさそうです。どのように区別するのかはともかく、「いじめ根絶」という姿勢が必須だと感じざるを得ないいじめ事案も当然存在するのです。「いじめ根絶」という表現がなじむものもなじまないものも、どちらの事案も、「いじめ」と呼ばれている現実がそこにはあります。

(2) いじめ発生の件数の継時的な変化

　もともと、「いじめ」の理解は、そのときどきで変化してきました。文部科学省[2]の統計によれば、いじめがあった学校数の変化は図Ⅰ-1のとおり増減を繰り返していることが示されています。増加した時代は学校が荒れている時代というわけでもありません。本当にいじめが増加したかも疑わしい調査結果です。そして経年変化を示す折れ線グラフでありながら、3つの区切りによって、実は4枚のグラフの合成であることがわかります。3つの区切りはいじめの定義の変化です。文部科学省は「児童生徒の問題行動等生徒指導上の諸問題に関する調査」において、1986（昭和61）年度からは「自分より弱い者に対して一方的に」「継続的に」と定められていたものが、1994（平成6）年度の一部改訂を経て、2006（平成18）年度からは、その支配関係がなく一度の「攻撃」であっても、「深刻な」ものでなくても、いじめと定めるようになり、判断は被害者の感じる「苦痛」に基づくものとなりました。そして、いじめ防止対策推進法施行以降は「攻撃」を意図しない「行為」であっ

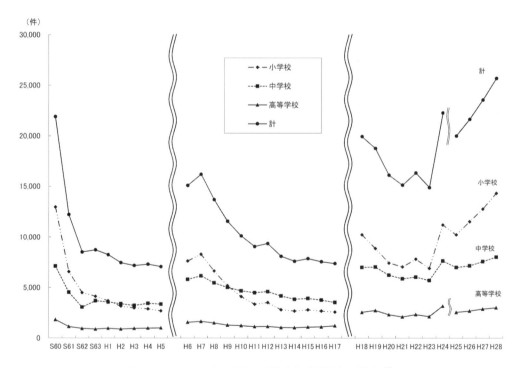

図Ⅰ-1　いじめの認知（発生）学校数の推移[2]

ても「苦痛」があればいじめだと考えられるように変化してきたのです。いじめの定義は，社会問題として取り上げられた，自死を伴う重大ないじめ事案を契機に見直されてきたといってよさそうです。また，その社会的な注目と，行政からの注意喚起により，学校は今まではいじめと判断しなかったような日常の出来事をいじめだと理解し報告した，というのがその増減の実態であり，その実相はいじめの件数やいじめが発生した学校数の変化ではなく，学校の理解の変化だといえます。このようにいじめの理解は継時的に極めて不安定なものであることがわかります。

(3) 地域によるいじめ問題の理解の差

いじめの理解が不安定なのは継時的な面だけではありません。その不安定さは地域の面にも見られます。文部科学省[3]は，都道府県別に児童生徒 1000 人あたりのいじめの認知件数を発表しています（表Ⅰ‐1）。例えば 2013（平成 25）年度，最もこれが高かったのは京都府で 99.8 件，最低は福島県の 1.2 件であり，そこには 83 倍の違いがあります。不登校の児童生徒 1000 人あたりの出現に関する都道府県格差は 8.5 〜 14.3 人の範囲でしたから，その違いは歴然としています。もちろん，京都府が福島県に比べて 83 倍も学校が荒れていて，いじめが多いという事実はありません。この差はいじめの理解の違いに基づくものです。文部科学省は地域による差の存在を大きな問題だと捉え，春に実施する調査について，8 月になると，前年度のデータを示しながら，再調査の実施を通知したことがありました。その際に示されたデータがこの 2013 年度のものなのです。このようにいじめの理解は地域的にも極めて不安定なものであることがわかります。

その再調査の際に，都道府県格差とともに 4 件の架空事例が提示され，各事例がいじめにあたるか否かの文部科学省の判断が示されました。実はそのうちの 1 件が先に述べたバスケットボールの事例なのです。ここで事例を再掲してみます。〈体育の時間にバスケットボールの試合を行ったが，球技が苦手である A 君は B 君からミスを責められたり，みんなの前でばかにされたりしてとても嫌な気持ちだった。しかし B 君と仲が良い C 君が，「かわいそうだよ」と助けてくれて，それ以来，B 君から嫌なことはされていない。その後，A 君もだんだんとバスケットボールがうまくなっていき，今では，B 君に昼休みにバスケットボールをしようと誘われ，それが楽しみになっている〉。同省は自らの判断を示す前に，地域差を確認するための指導主事や教職員対象の調査を行っているのですが，この事例をいじめだと認識した者が 94% の自治体もあれば，11% に過ぎなかった自治体もあったことが報告され，平均は 64% であったとされています。

教育関係者の 60% 強しかいじめだと認識できない「いじめ事例」があるのですから，その認識をそろえることは容易ではありません。この事例では，双方が児童生徒であったこと，人的関係があったこと，児童生徒に対する行為があったこと，行為の対象者が「嫌な気持ち」と苦痛を生じさせていることから同省はいじめだと判断しています。また，後に関係や苦痛が改善されているからといって，いじめがなかったことにはならないというわけです。大人は「いじめをしてはならない」と当たり前のように表現しますが，実際には自分の行為によって相手に「苦痛を感じさせてはならない」が本当の表現です。児童生徒には「いじめをしない」ではなく，その意図にかかわらず「苦痛を感じさせない」という高度な配慮が求められるようになったといえるでしょう。

ところで，この架空事例が現実に生じたとき，いくつかの疑問が湧いてきます。A 君はバスケッ

	都道府県	小学校	中学校	高等学校	特別支援学校	計	1000人当たりの認知件数
1	北 海 道	1,121	1,733	782	33	3,669	6.5
2	青 森 県	344	548	73	3	968	6.6
3	岩 手 県	467	245	127	10	849	6.0
4	宮 城 県	14,535	2,741	340	8	17,624	69.4
5	秋 田 県	403	456	254	2	1,115	10.6
6	山 形 県	1,411	796	496	9	2,712	21.4
7	福 島 県	104	117	35	2	258	1.2
8	茨 城 県	2,953	1,649	101	3	4,706	13.7
9	栃 木 県	950	914	163	1	2,028	9.0
10	群 馬 県	623	440	238	6	1,307	5.8
11	埼 玉 県	1,086	1,648	166	7	2,907	3.8
12	千 葉 県	13,914	6,259	264	9	20,446	31.2
13	東 京 都	5,633	4,089	309	42	10,073	8.1
14	神 奈 川 県	4,139	2,844	263	51	7,297	7.8
15	新 潟 県	576	717	95	6	1,394	5.5
16	富 山 県	328	308	42	8	686	5.8
17	石 川 県	557	313	133	11	1,014	7.8
18	福 井 県	412	303	136	4	855	9.2
19	山 梨 県	1,125	1,016	112	1	2,254	22.4
20	長 野 県	670	628	132	25	1,455	5.9
21	岐 阜 県	1,757	1,064	206	45	3,072	12.9
22	静 岡 県	2,515	1,865	129	20	4,529	10.9
23	愛 知 県	6,983	3,867	357	13	11,220	13.2
24	三 重 県	640	544	66	5	1,255	5.9
25	滋 賀 県	715	490	110	16	1,331	7.8
26	京 都 府	22,789	4,193	1,036	100	28,118	99.8
27	大 阪 府	2,635	2,057	283	46	5,021	5.2
28	兵 庫 県	1,328	1,134	354	13	2,829	4.6
29	奈 良 県	579	514	196	9	1,298	8.2
30	和 歌 山 県	1,883	462	281	23	2,649	23.7
31	鳥 取 県	52	73	20	12	157	2.4
32	島 根 県	137	142	60	5	344	4.4
33	岡 山 県	371	455	189	8	1,023	4.6
34	広 島 県	533	451	131	11	1,126	3.6
35	山 口 県	405	415	63	11	894	5.9
36	徳 島 県	292	261	15	10	578	7.1
37	香 川 県	70	158	42	0	270	2.4
38	愛 媛 県	233	378	71	0	682	4.4
39	高 知 県	183	311	37	9	540	6.9
40	福 岡 県	606	623	200	12	1,441	2.6
41	佐 賀 県	42	62	134	0	238	2.3
42	長 崎 県	1,148	610	194	3	1,955	12.1
43	熊 本 県	2,549	872	486	18	3,925	19.1
44	大 分 県	2,478	832	184	2	3,496	27.1
45	宮 崎 県	7,846	1,349	199	58	9,452	71.5
46	鹿 児 島 県	8,453	4,036	1,683	68	14,240	72.0
47	沖 縄 県	232	266	52	10	560	2.8
合	計	118,805	55,248	11,039	768	185,860	13.4

表Ⅰ-1　都道府県別いじめの認知件数 [3]

トボールがだんだんとうまくなり，昼休みに誘われるのが楽しみになっているのですが，現実には相変わらずバスケットボールは苦手で，さらに誘われること自体に苦痛を感じる子どもも少なくないはずです。もし誘われることに苦痛を感じているのであれば，そのたびにいじめが発生していると捉えなければならないのでしょうか。クラスの友人を遊びに誘うことはいじめなのでしょうか。別の点でも気になることがあります。C君は「かわいそうだよ」と間に入ってくれていますが，それを「助けられた」と感じたのはA君です。現実には，このようなときにC君の配慮とは異なり，「C君にも『かわいそうなヤツ』とばかにされた」と受け取る事案に出合うことがあります。C君の行為についてA君が同様に感じたら，C君にもいじめられたことになるのでしょうか。さらに別の視点ですが，このような事例は現実のある一部を切り出したものです。例えば，この事例のうち，〈体育の時間にバスケットボールの試合を行ったが，球技が苦手であるA君はB君からミスを責められたり，みんなの前でばかにされたりしてとても嫌な気持ちだった〉という前半部分だけが切り出され，後半の肯定的な変化が示されていなかったとしたら，いじめだと判断した教育関係者はもっと多かったのではないでしょうか。切り出し方によって人の判断は変わりますし，切り出すこと自体に判断が含まれているのです。切り出された事例や事案は，事実ではあるのですが真実とは異なるものなのかもしれません。もし，この事例のさらに前の部分が切り出されていたら，判断はさらに変わるのかもしれません。例えば，中学生ぐらいの年齢になると，運動が下手という現実を受け入れられずに，これをごまかすという工夫をする子どもも現れます。上手にボールを追うことができない子どもの中には，その劣等感や羞恥心を扱うことができず，ふざけた態度でこれをごまかそうとする者もいるのです。「本気で走ればボールをキャッチできるけれど，本気を出さずにふざけているからキャッチできなかったのだ」というわけです。このお調子者の真剣味のない態度は，試合に勝とうとしているクラスメートをイライラさせます。そのふざけた態度の結果として「B君からミスを責められたり，みんなの前でばかにされたり」したことがすべて切り出されていたとしたら，この事例はどのように判断されるのでしょうか。しかしそれでも，双方が児童生徒であり，人的関係があり，行為があり，苦痛があったのですから，いじめだとするのが妥当ではあるでしょう。「いじめではない」と判断したいという気持ちは理解できますが，これまで教育関係者だけによる判断が被害者やその保護者の心情を傷つけ，適切な対応を怠る原因であったことを考えると，教育関係者の判断には一定の遠慮が必要なのかもしれません。本書はそのような学校現場の戸惑いを念頭に，論を展開しようとするものです。

　さて，その「責められたり」「ばかにされたり」についてですが，子どもたちは「今から責めます」と宣言してくれるわけではありません。この事例でのもともとの言い方や表現はどのようなものだったのでしょうか。「今のは取れるパスだろう」とか「ふざけるな」という生の表現を，大人は判断しなければならないのです。ただでさえ判断が分かれる事例ですが，実際の表現をここに書き表したときには，さらに難しくなりそうです。現実の学校の中では，一部が切り出されるわけではない連続する出来事の過程で，生の表現に基づく難しい判断が繰り返されているのです。その表現は「死ね」という確かに許されないものから，「ガンバレ」という応援にしか聞こえないものも含まれるのです。

　同じ事例を用いて，「責める」「ばかにする」の部分を空白にして，そこに入りそうな表現を収集

し，これを整理し，いじめにあたるか否かを大学生を対象に調べた調査があります[4]。大学生を対象としたのは，小中学生，高校生のときの過去の経験を想起してもらうことを期待してのことです。「ドンマイ」「次は頑張ろう」という"激励"，「どこ見てるんだよ」「ちゃんとやれ」などの"非難"，「楽しくない」などの"不快"，「帰れ」「試合に出るな」などの"排斥"といった表現のグループが報告されています。不思議なことに"激励"についても，100人中1〜2人はこれをいじめだと理解することが示されました。少数派の判断は間違っているのでしょうか。これが小中学生・高校生であった場合には，いじめを訴える児童生徒に対し，「傷つきやすい，その感じ方が悪い」と責めるのでしょうか。もちろんそれは許されることではありません。しかし，励ました子どもを加害者として責めるわけにもいきません。大人は何をすればよいのでしょうか。これこそが本書で取り上げたい問題意識なのです。

　ところで，厳しい言葉で非難されることがいじめだと思われがちですが，それは異なるようです。確かに5人中1人は"非難"をいじめだと捉えるのですが，"不快"の念を表現するほうが人を傷つけるいじめだと捉えられるようで，それは半数に上ります。「今日の試合は面白くない」という表現は，形式的にはA君に向けて発せられているわけではなく，実際，A君がいるのとは全く違う方向をわざと向いて，しかしA君に聞こえるように発せられる「感想」です。「相手に対する行為」といういじめの定義すら満たしていない可能性のある行動が人の尊厳を傷つけるのです。面と向かった非難のほうが扱いやすいということなのかもしれません。そして，もちろん，その場にいることを許さない"排斥"は人権を脅かし尊厳を傷つけるものです。社会は，いじめ問題において，児童生徒を「苦痛」から守りたいのではなく，児童生徒の「人権」と「尊厳」を守りたいのです。

（4）事例を通して考える被害者理解と加害者理解

　別の事例をもとにもう少し考えてみることにしましょう。〈Dさんは，Eさんからクラスの人たちの悪口を聞くのが嫌でした。「悪口に加わりたくないし，自分の悪口も言われているのかも」とDさんは思います。Eさんとのことを考えると気持ちが落ち込み，学校を休みたくなります。Dさんは，だんだんEさんを避けるようになりました。そんな元気がないDさんを心配して，Fさんが声をかけてくれるようになりました。Dさんは，Fさんにその悩みを聴いてもらえると，気持ちが楽になる感じです。Fさんには，「人の悪口を言うEさんのことが許せない」という気持ちが湧いてきました。そしてFさんはEさんに対して，皆の前で「人の悪口は言わないほうがいい」と言いました〉。

　このような出来事は学校の中ではよく起こることなのかもしれません。この話は次のように続きます。〈その夜，Eさんは，両親に泣きながら「いじめを受けている」と打ち明けました。「Dさんに避けられ無視されている」「Fさんにひどいことを言われた」と話しました。そして「皆の前でばかにされたことが許せない」と言います。Eさんは「学校に行きたくない」「死にたい」と訴え翌日から欠席するようになりました。学校は不登校と希死念慮を重視し，重大事態と判断し学校主体の調査委員会を設けました。調査の結果，DさんとFさんの加害行為を認定する調査報告書が作成されました。その後も，Eさんは「人の目が怖い」と訴え，登校することができません。Eさんの保護者は「加害者が堂々と登校し被害者が登校できないのは理不尽だ」と思います。Dさん

とFさんは、学校の指導に従い、反省文と謝罪の手紙を書きました〉。

　さて、この事例について、人はDさん、Eさん、Fさんのいずれを助けてあげたいと思うのでしょうか。未熟な教師を想定して教育学部で学ぶ大学生を対象に行われた調査では、誰よりも多かったのがDさんであり、逆に被害者であるはずのEさんに対する支援意欲はとても低いものでした[5]。被害者であるEさんを、もともと悪口を言っていた人であり、わがままな人だと理解し、学級担任としてこの被害者と面談する場合にも反省をさせたいという意図があることが報告されています。そこには「被害者にも問題がある」と認識されてしまう課題がありそうです。このような事例に触れたとき、不登校という重大事態が発生している点に注目する人がいたり、いじめ問題として敏感に捉える人がいたりする一方で、いじめではなく日常の普通の出来事と捉える人がいたり、さらに被害者にも悪いところがある点に注目しがちな人がいたりすることがわかっています。しかし不思議なことに、どのパターンの人であっても、被害者であるEさんの力になりたいと思う気持ちが、同じように不足することが報告されています。もし、重大事態やいじめ問題に敏感になれば被害者支援の気持ちが高まるのであれば、教師やこれから教師になろうとする大学生には、いじめ問題の深刻さを訴え、敏感になることを求めることが重要になるはずですが、そうではなさそうです。

　実は、事例はさらに続きます。しばらくして、被害者であるEさんが語ったことです。〈私は周りと上手く行きません。合唱コンクールの練習のとき、ふざけている人を許せなくて注意したら「何ムキになっているの？」とバカにされたり。それから、クラスで話し合って決めた修学旅行でのルールをみんな忘れてしまっていて。でも、そっちが当たり前みたいになって。納得できなくて、思っていることをわかってもらえなくて。生きにくいなぁって。でも、そんな私のことをDさんはわかってくれて、いっぱい愚痴を話しました。確かに、まじめすぎたり、子どもっぽい言い分だったのかもしれませんが、わかってほしかったんです。今思うと、私は味方が欲しかったのではなく、同意してほしかったのでもなく、私なりの理屈を理解してほしかったんだと思います。だって、「みんなで頑張る」「ルールを守る」は正しいこと。世の中は正しくあるべきだって教わってきたし。正しい正しくないを考えたら、周りに不満を持つのも当然だって、それをわかってほしくて。秘密を守ってくれることを当然と思っていたので、Dさんに裏切られた。そんなふうに思ったのです〉。

　「被害者にも問題がある」かのように理解されてしまっていたのですが、人は、Eさんの語る事情を聞いた後では、Eさんのことを、わがままな人ではなく、こだわりが強くて生きにくい人だと理解できるようになり、学級担任としてEさんと面談する目的も、反省させるためではなく支援するために変化することが報告されています。

　もしかしたら、「いじめ」という言葉に付随する「加害者・被害者」や「善悪」という考え方が周囲の大人を不自由にしているのかもしれません。「いじめと認定してしまったら、悪意のなかった児童生徒を加害者としなくてはならない」との思いから、「だからこれはいじめではない」とする理屈です。その前提には加害者は「悪」との思い込みがあるのでしょう。しかし、行為があって苦痛があった場合を、善悪とは関係なくいじめとしているのであれば、加害者は善意であってもいじめとすることに何ら問題はありません。

　では、「いじめ」という用語を使うことで、何が期待できるのでしょうか。再度、事例の登場人物に対する支援を考えた場合、被害者であるEさんのかたくなさは成長過程で緩和される必要の

ある課題といえるでしょう。それは単に被害者として守られれば解決するものではありません。一方で加害者とされたDさんは，かたくなさのある人の生きにくさや被害者の意図を推察することができれば，本人にも被害者にも優しい対処が採れたのかもしれません。それは他者への配慮をよりよいものに変化させるという，成長の機会であったと考えることができます。同じく加害者とされ被害者の非を指摘したFさんに対しても，その正義感や指摘の正当性を認めることが支援になるのではなく，課題を抱える人への働きかけ方や表現方法を改善し向上させる成長の機会と捉えることができたでしょう。3人の登場人物は単に善悪で弁別されるものではなく，いずれも異なる内容の課題を抱える支援対象者であったといえそうです。

　ここで，冒頭で示した集団登校の事例を思い出してください。〈集団登校をする小学生の列の中で，先頭を歩いている6年生のリーダーが後ろを振り返ると，2年生の児童が車道に出ている。そのときリーダーが「列に戻りなさい」と慌てて注意をした〉という事例です。6年生に「あなたは悪くない」「正しいことをした」と言うだけでなく，「正しいけれど，小さい子に話すときは，少し優しく言ってあげたほうがわかりやすいみたいだよ」と付け加え，6年生の対人関係能力を向上させてあげる機会だと理解するとよいでしょう。もちろん2年生にも，「危険なことを注意されるときは，言葉は厳しくなるんだよ」と解説してあげることが必要ですし，それを理解する絶好の機会なのです。

　子どもたちは，人間関係づくりの練習中です。〈消しゴムを忘れた子どもが隣の席の子どもから何も言わずに消しゴムをそっと借りて使い，そっと返した〉事例でも，いじめと認定すれば問題が解決するわけではありません。放置してよいわけでもありません。「黙って持っていかないで，ひとこと言ってね，そうしたら貸すから」と率直に話せるか否か，そして「あ，ごめん。貸してくれてありがとう」と素直なやりとりができるか，教師には見ていてほしいのです。そして足りないところを助けてあげてほしいのです。

(5)「記憶」によるいじめ

　そして，ここでもうひとつの事例について考えてみましょう。〈中学校のときに深刻ないじめを受けた。いじめた生徒とは別の高校に進学したが，中学で同じクラスだった生徒が高校でも同じクラスにいる。その生徒に中学でいじめられたわけではない。しかしあのときの記憶がよみがえるからその生徒に話かけられることが苦痛だ。そのことで，自分は今もいじめを受けていると感じている〉。このような訴えは教師の不興を買うものですが，同時にいじめという言葉が使われていることにより，学校はその扱いに困惑します。今，高校の中に加害者はいません。そして被害者もいません。しかし，そこにはトラウマティックな体験をして，その記憶が侵入的によみがえるというトラウマ反応を呈している生徒がいるのです。このように記憶によって，いじめの苦しみを経験することがあります。

　上の話は加害者がそこにはいないという極端な事例でしたが，クラス内で起こったいじめでも記憶が同じように被害者を苦しめることがあります。いじめ解消の定義に従い被害者への支援を継続し行為の事実を終結させても，すぐそばに加害者がいることから，恐怖感を低減させたり安心感を得たりすることは容易ではありません。加害者の加害行為が継続しているのではなく，被害者の記憶と認知が恐怖感を生み出しているのです。いじめ行為を止めているため，現実の加害者に働きか

8

けても何の解消にもなりません。被害者に対してはいじめ解消という学校教育における支援だけで
はなく，トラウマを対象とした心理的介入が必要になります。苦痛をいじめの定義に入れているの
ですから，苦痛の訴えを拾うのは当たり前ですが，このようにすでに現実の加害者は存在せず，通
常のケアでは被害感情も緩和されないという場合，教育の専門家である教師にはこれ以上できるこ
とはないのかもしれません。しかし，厄介ごとを持ち込む児童生徒が現れたのではありません。そ
れは支援を必要としている児童生徒を発見した瞬間なのです。

　トラウマを対象とした介入が必要だという点においては，虐待を経験してきた子どもにも同様の
課題があります。対人関係において，通常であれば経験しない無力感を感じたり，認知の歪みから
誤解を大きくしたりすることで，苦痛を生じさせ「いじめを経験する」ことが被虐待児には時折見
られます。

　このことから教師など支援者は，いじめ問題を捉える際に，被害者・加害者や善悪の弁別を扱う
ことを少しだけがまんし，いずれも課題を抱える支援対象者だと認識することが求められていると
いえるでしょう。そして形式的に被害者として，あるいは加害者として関係児童生徒を守るのでは
なく，それぞれの当事者から見える主観的な世界を理解しようとすることが，支援に関する有益な
情報を教師など支援者に提供してくれることにもなりそうです。

(6)「いじめ」という言葉のもつ2つの意味

　「いじめ」という言葉には，「人権を侵す，許されない行為」としての意味と，「人間関係がうま
くつくれない子どものトラブル解決を支援する事象，あるいは助けが必要な子どもを見つけるきっ
かけとなる事象」としての意味の2つがあるのです。この区別をしないで「いじめ」という言葉を使っ
ていることが教師の対応を難しくしています。教師にとっては，前者は加害者の行為を取り除いて
あげることが必要なケースであり，後者は被害者や加害者がどんな工夫をすると解決できるのかと
いうことを考えることが必要なケースとなります。

　例えば，クラス内で割り振られた役割に対して，本人が苦労しているとき，乗り越えられなさそ
うだからと代わりにやってあげたほうがいいこともあれば，どうすれば本人が役割を果たせるかを
考えて支援したほうがいいこともあります。教師は児童生徒に対し，役割という課題を出し続ける
のか，出すのをやめるのかという判断をしなければなりません。いじめについても，これと同じこ
とがいえるのです。

　子どもが母親とケンカをした例でいえば，母親にどうわかってもらうか，どう伝えるかなど，子
ども自身が工夫をすることは重要です。その工夫はその子に新しいスキルや新しい態度や新しい理
解の様式を与えることになります。母親との関係がいつも良好でなかったとしても，その関係は子
どもに成長をもたらします。いじめもこれと同様に，被害者や加害者に人間関係に対するスキルや
態度，また理解を提供するという側面もあります。このことは，苦痛をいじめの判断基準とした場
合に見落とされがちな点です。一方で，母親との問題が，子どもがすべきでない苦労や受けるべき
でない理不尽さからくるとすれば，虐待とみなして母子を引き離し，関係の改善に関して取り組ま
せないという措置を取るでしょう。いじめについても当然，そのすべてが子どもの能力を向上させ
るわけではなく，複雑性トラウマ，無力感の悪化，自尊心の低下を招く場合があることは十分に念

頭に置くべきです。人間関係の構築のための課題と考えて取り組ませるばかりではなく，取り去ること，取り組ませないことこそが，その子の利益になることもあるのです。

いじめ防止対策推進法では両方が扱われています。法律は苦痛に注目していますが,苦痛とは「滞り」です。被害者にとっても加害者にとっても何かが順調でないときの反応です。その何かが順調でない子どもを見つけるための指標として，苦痛という状態像を使っているのです。法律も子どもに苦痛を感じさせてはいけないと言っているわけではなさそうです。どの法律でもその目的は第一条に明示されているものです。いじめ防止対策推進法の第一条では，いじめによって子どもの教育を受ける権利が侵害されることを防ぎ，その尊厳を保持したい旨が示されています。

社会が「いじめはあったのか」と問いただしたとき，その「いじめ」とは本来，人権を侵すような出来事を指していたはずです。この問いに対して学校が「いじめはなかった」と答えるときも，人権を侵すようないじめはなかったというつもりでこの用語を用いています。しかし，けんかや悪ふざけといったもめごとのエピソードはどの子どもにも見られることから，後にそれをいじめと捉えて指摘され，「いじめがあったのに学校は隠蔽した」と追及されてしまうことになります。「いじめがあった」「いじめはなかった」という対立は，支援が必要な対人関係のトラブルと，人権を侵すほどの深刻なものという，いじめに対する次元の異なる認識が，両者の間ですれ違っている状況ともいえます。

今日の「いじめ」という用語は，法律に定められたように人権を侵害され尊厳を脅かされた児童生徒を発見し保護するという機能をもつだけでなく，これに加えて，対人関係において課題を抱え支援を要する児童生徒を発見するという機能を備えるようになったことを教師など支援者は認識すべきでしょう。それは「いじめ」というひとつの日本語の用語が，異なる2つの意味で用いられているという理解でもあります。

それでも，児童生徒がたくさんの時間を過ごす場所である以上，学校は彼らにとって安全に生活できる経験を提供できる場でなければなりません。言い換えれば，子どもに安心安全を多く経験させることが，学校の仕事といえるのです。

2. いじめの定義のポイント

ここで改めていじめの定義について確認することにしましょう。2013年のいじめ防止対策推進法の施行以降は，この法律の第二条で示された定義が用いられることが一般的です。

第二条　この法律において「いじめ」とは，児童等に対して，当該児童等が在籍する学校に在籍している等当該児童等と一定の人的関係のある他の児童等が行う心理的又は物理的な影響を与える行為（インターネットを通じて行われるものを含む。）であって，当該行為の対象となった児童等が，心身の苦痛を感じているものをいう。

　　2　この法律において「学校」とは,学校教育法第一条に規定する小学校,中学校,義務教育学校,高等学校，中等教育学校及び特別支援学校（幼稚部を除く。）をいう。

　　3　この法律において「児童等」とは，学校に在籍する児童又は生徒をいう。

4　この法律において「保護者」とは，親権を行う者（親権を行う者のないときは，未成年後見人）をいう。

　この法律に従えば，いじめとは双方が児童生徒であること，両者に一定の人的関係があること，片方が相手に対して何らかの行為を行っていること，行為の対象となった児童生徒が心身の苦痛を感じているもの，を指すことになります。法でいう「児童等」とは，小・中・高等学校・特別支援学校に在籍する児童生徒のことで，18歳未満には限りません。「苦痛を感じているもの」については，当事者の主観的な理解が優先されることが明確に示され，学校や教師がその状況から「いじめには当たらない」とすることは，文言上はできないことになっています。これについては，法制時，例えば衆議院において，「いじめに該当するか否かを判断するに当たり，『心身の苦痛を感じているもの』との要件が限定して解釈されることのないように努めること」と附帯決議がなされています。法制後の文部科学省の「児童生徒の問題行動等生徒指導上の諸問題に関する調査」等に際しては，「個々の行為が『いじめ』に当たるか否かの判断は，表面的・形式的に行うことなく，いじめられた児童生徒の立場に立って行うものとする」「『いじめられた児童生徒の立場に立って』とは，いじめられたとする児童生徒の気持ちを重視することである」と補足されています。

　このように定められると，「苦痛を訴えられたら，すべていじめと捉えなければならないのか」と戸惑われるかもしれません。行為をした側の状況や意図とは関係なく，被害者側の苦痛に注目するのですから，すべていじめと捉えなくてはならないとの心配が生じるのは当然のことでしょう。この場合の正解は「すべていじめと捉える」です。これまで学校の判断でいじめとされてこなかった事例が，深刻で不幸な結果を招いてきたことへの反省から定められた規定だと理解することが必要です。そして，人権を侵害されるような深刻ないじめ被害者を見逃さないために，細大漏らさず支援対象者を見つけ出す工夫だと考えることができます。このとき，本来は人権を侵されたわけでも尊厳が脅かされたわけでもない子どもたちが，対象者となることに戸惑いを感じる方もいらっしゃることでしょう。しかし，その子どもたちは人間関係において至らなさのある支援対象者であり，元々学校教育が発見しなければならなかった児童生徒なのです。苦痛の重視は，「この程度のことはがまんするべき」というような教師の判断を排除して，苦痛を感じている子は，何かしらの困難や課題に遭遇しており，なんらかの支援が必要だと考え，広くもれなく要支援者を見つけ出すことに焦点を当てた工夫だといえます。そして被害者の苦痛を通して，加害者の至らなさを見つけ出すことも可能になります。そこで，早期発見の要点でも，いじめの行為を見つけようとすることに加えて，子どもの苦痛を聞き取ることが大切になります。

　ところで，苦痛を感じなければ「いじめ」ではないのでしょうか。苦痛を訴えることが恥ずかしい子どももいれば，このくらいのことは自力で解決しなければならないと頑張る子どももいるでしょう。あるいは，ネット上に書き込みをされ，本人がそれを知らずに苦痛を感じるに至っていない場合もあります。さらに，不幸にして児童生徒が自死をした場合には，その苦痛を推し量ることはできても正しく知ることはできません。この法律は被害者の主観的な苦痛を柱にいじめを構成していますが，人権を守り尊厳を保持するという法のねらいからすれば，社会通念など苦痛以外の基準が欲しいところです。この基準を設け児童生徒を指導する責任は学校にあるといえるでしょう。

また，文部科学省も基本方針において，インターネット上で悪口を書かれた児童生徒がそのことを知らずにいるような場合など，本人が心身の苦痛を感じるに至っていないケースについても，加害行為を行った児童生徒に対する指導等については，法の趣旨を踏まえた適切な対応が必要であるとしています。これは「いじめと扱うべき」との示唆であるでしょう。

　法は対象に対する行為について「心理的又は物理的な影響を与える行為」としています。文部科学省が分類するいじめの態様の中で「ひどくぶつかられたり，たたかれたり，蹴られたりする」などはこの行為として理解しやすいものです。では，「軽くぶつかられたり，遊ぶふりをしてたたかれたり，蹴られたりする」はどうでしょう。もちろんこれも行為に当たります。では，意図せずにぶつかった場合はどうでしょうか。いじめの基準は主観的な苦痛にあるのですから，意図がなかったとしても法でいわれるところの行為に該当することになるでしょう。では，好意から行った行為が意図せず相手に苦痛を生じさせた場合はどうなのでしょうか。この場合でも主観的な苦痛が優先され，いじめと扱うことになります。ばかばかしいと思われるかもしれませんが，意図せずに相手に苦痛を与えてしまった場合，また，好意からではあっても相手に苦痛を与えてしまった場合，自身がどのような対応をとればよいのか，子どもたちは理解できていないことを思い出してください。いじめ問題に対応するという方法の中で支援すべき「加害者」「被害者」を発見し，支援の機会を得たと理解する必要がありそうです。

　そのとき，少しだけ第四条の表現が気になります。そこでは「児童等はいじめを行ってはならない」と定められています。意図せずに相手が苦痛を感じた場合，それが好意から行われたことであってもいじめになるわけですから，行為者である側が「いじめをしない」ことは不可能です。もちろんこの規定は，規範意識において未熟な子どもに対して善悪を教えようとする配慮から定められた訓示規定ですから，非難されるべきものではありません。それでも行為者に求められていることは，たとえ好意であったとしても相手に苦痛を感じさせないという極めて高度な配慮ということになってしまっています。

　文部科学省のいじめの態様では，「金品をたかられる」「金品を隠されたり，盗まれたり，壊されたり，捨てられたりする」という財物に対する被害がありますが，これもこの行為の中に含まれます。また，「嫌なことや恥ずかしいこと，危険なことをされたり，させられたりする」のような「○○をさせる」という使役も行為になります。さらに「仲間外れ，集団により無視をされる」というあえて対象に働きかけないようにすることも，心理的な圧迫を与える行為という意味で，法が要件とする行為に含まれます。

　そして，「パソコンや携帯電話等で誹謗中傷や嫌なことをされる」という態様は法が定める「インターネットを通じて行われるものを含む」に当たりますが，そこには難しい問題が含まれています。先に示したとおり，法はその条件に「一定の人的関係」があることを求めています。それは同じ学級や部活動であることや同じ学校であることを要しないもので，当該児童生徒の公私や範囲を問わない人間関係を指すものです。しかし，「インターネットを通じて行われる」行為としての誹謗中傷の中には匿名で行われるものも少なくありません。そこには当該児童生徒に関係する者も，拡散の際に加わった第三者もいます。子どもを支援するにあたっては，この「一定の人的関係」を字義どおりに理解する必要はなさそうです。

OECD によるいじめの捉え方 コラム 1

　経済協力開発機構（OECD: Organization for Economic Co-operation and Development）が生徒の学習到達度調査（PISA: Programme for International Student Assessment）を読解力，数学的リテラシー，科学的リテラシーの３分野において実施していることは有名ですが，この PISA において 2017 年 4 月には生徒の Well-being（ウェルビーイング）に焦点を当てた国際報告書[1] が公表されていることはあまり知られていません。

　Well-being とは，「生徒が幸福で充実した人生を送るために必要な心理的，認知的，社会的，身体的な働きと潜在能力である」と定義されています。それは「心身の良好な状態」「健やかさ」「幸福度」という言葉に翻訳されることが多いようです。この報告書では生活満足度や学校への所属感，運動や食習慣とともに，いじめについて言及されています。

　OECD は，いじめを「組織的な力の乱用」と捉え，「繰り返し」「相手を傷つける意図」「加害者と被害者の力関係の不平等」の３点に特徴があるとしています。そこではいじめの形態として，「たたく・押す・蹴る」などの身体上のもの（物理的），「中傷する・バカにする」などの言葉上のもの（言語的），「同級生から無視されたり拒絶されたりする」などの人間関係上のもの（関係的）を挙げていることからも，意図や継続的な力関係に注目していることがわかります。それは子どもの人権を保障するためのものだと理解することができます。この捉え方はいじめ防止対策推進法の定義とは異なり，むしろ，文部科学省が 2005 年まで用いていた「①自分よりも弱い者へ一方的に」「②身体的・心理的な攻撃を継続的に加え」「③相手が深刻な苦痛を感じているもの」との定義に近いものといえるでしょう。わが国ではその後の定義の変更で，弱い者への一方的なものでなくても，継続的なものでなくても，攻撃的な意図でなくても，いじめと捉えるようになったのです。今日のわが国においても，社会が考えるいじめは，いじめ防止対策推進法の定義よりも，OECD の定義に近いのかもしれません。

ホームページ

1) 国立教育政策研究所 （2017）．（OECD）　生徒の学習到達度調査 PISA2015 年調査国際結果報告書 生徒の well-being（生徒の「健やかさ・幸福度」）．
　https://www.nier.go.jp/kokusai/pisa/pdf/pisa2015_20170419_report.pdf　（2018 年 8 月 1 日閲覧）

　態様の中には「ひやかしやからかい，悪口や脅し文句，嫌なことを言われる」があります。これも当該児童生徒に対する行為ですから，いじめであるわけです。このとき，もしその悪口が当該児童生徒に対してではなく，その児童生徒のいない場所で陰口の形で話された場合は，いじめになるのでしょうか。実際の学校場面では，陰口はいじめとして扱われることが多いようです。それは当該児童生徒がいまだその事実を知らず，苦痛を感じるには至っていない場合でも法の趣旨を踏まえるべきだとの文部科学省の見解によく一致するものですし，インターネット上の誹謗中傷の書き込みをいじめだとする法の規定にもよく一致するものです。しかしその一方で，これは大人の現実と

は大きくかけ離れた理解です。例えば，同僚の仕事ぶりについて本人がいないところで愚痴をこぼしたことが児童生徒の次元ではいじめに当たることになるのです。社会は，愚痴をこぼさない人間をつくりたいのでしょうか。自分のことで愚痴を言われていることを知ったとき，ハラスメントを受けていると権利を主張する人間を育てたいのでしょうか。本当は，愚痴をこぼすときにそれを聞いてもらう相手を上手に選ぶことができるようにしてあげたかったり，他者からの否定的な評価を得たときの理解や行動の仕方を身につけ，適切に対応できるようにしてあげたかったりするのではないでしょうか。

　「いじめ」の定義を考えたときにも，「人権侵害から守ってあげたい」という課題と「人間関係を構築する力を向上させてあげたい」という課題が，2つのテーマとして浮かび上がってきます。

3. 人間関係づくりの練習の場としての学校

(1) 子どもの失敗と成長

　いじめへの対応（未然防止・早期発見・適切な対応）を行ったら，教師の役割が果たされたことになるわけではありません。学校教育における教師の役割は学習指導要領に示されています。例えば，『中学校学習指導要領 解説 総則編』[6]の第3章第4節内「学級経営，生徒の発達の支援」には「学習や生活の基盤として，教師と生徒との信頼関係及び生徒相互のよりよい人間関係を育てるため，日頃から学級経営の充実を図ること」とあります。また，小学校学習指導要領や高等学校学習指導要領にも同様の記載があります。ここで注目したいのは「生徒相互のよりよい人間関係を育てる」という表現です。教師が子どもたちの人間関係に配慮することは当然のことだと思われるかもしれません。同じように学習指導要領の数学の節には第2学年で「簡単な連立二元一次方程式を解くこと及びそれを具体的な場面で活用すること」とあります。このとき数学の教師は，中学生が教えられる前に連立二元一次方程式を解けることを想定していないはずです。また，授業で一度これを教えたからといって，全員が完璧に解けるようになることを想定していません。ましてやテストで不正解であった生徒を一方的に厳しく叱ることもないでしょう。教師は不正解であった生徒に対し，何につまずき，どこに課題があるのかを理解してあげたいと思いますし，これを解くことができるようになるまで，何度でも誤りを指摘しながら練習させようとすることでしょう。

　しかし，「生徒相互のよりよい人間関係を育てる」ことに関しては，数学で見られたような忍耐力や工夫，生徒を理解しようとする努力を教師は払えないようです。人間関係の失敗は，言い過ぎてしまい，相手を傷つけてしまうなど，いじめの形で現れます。このとき教師は「毅然として」「絶対許さない」という姿勢だけで子どもに立ち向かおうとすることが一般的です。それは連立二元一次方程式の解を求めることに失敗した子どもに「毅然として」「絶対許さない」という対応をするようなものです。教師は教科に関して教えるときには，「子どもはそれを初めから知っているわけではない」「子どもは何度も間違いながら習得するものだ」ということをよく理解しているのに，いじめ問題に関しては，これをしばしば忘れてしまうようです。教師は，①子どもは初めから上手な「人間関係づくり」ができるわけではない，②年齢や発達段階に応じた「人間関係づくり」の方法と態度を獲得する必要がある，ということを理解しておかなければならないでしょう。そし

て，③学校は「人間関係づくりの練習」の場である，ということを，教師も子どもも保護者も理解しておく必要がありそうです。

　その人間関係づくりの場では，トラブルが生じることが普通です。子どもたちが集団生活を送る場合にはトラブルが起きることが当然だといわれることがありますが，本来は自然に発生するトラブルを解決する過程を経験させることで，望ましい態度やスキルを獲得させようとしているのです。そこで重要になるのは，人間関係づくりの練習に活用するのか，あるいは，子どもには扱えないトラブルとして排除するのかの，トラブルの水準の適切な査定です。以下では子どもたちのトラブルの水準を整理してみましょう。

(2) 学校で生じる人間関係のトラブルの水準

① 子どもが自分自身で解決を練習すべきトラブル

　嫌なことがあったからといって，すぐに教師や大人が制止するわけではありません。多くの子どももはまず自力で問題を解決することを試みます。このとき，教師は子どもたちにすべてを委ねるわけではありません。子どもたち同士で，どのようにトラブルを解決するのか，観察することがその役割になります。

　例えば，小学生がふざけながら走り，他の子どもに後ろからぶつかり，相手が倒れて膝をすりむいたとき，すぐに駆け寄り助けることが教師の仕事ではありません。教師が援助することを少しがまんして見守っていると，けがをさせた子どもが「ごめんね」と言うかもしれません。さらに，子どもは「ごめん，ひざすりむいたよね？　保健室行く？」と，謝罪に加えて配慮のある解決策を行動化し，保健室に連れていくかもしれません。教師が「そこ何やってる！」と止めて「謝りなさい！」と謝らせ，保健室に導いたならば，その子どもが勇気を出したり配慮をしたりする練習の機会を奪ってしまいます。子どもたちに任せて，見ていなくてもよいと言っているわけではありません。教師には子どもたちがどのようにトラブルを解決しようとしているのかを見ていてほしいのです。

　本章1. で示した〈消しゴムを忘れた子どもが隣の席の子どもから何も言わずに消しゴムをそっと借りて使い，そっと返した〉という事例に対しても，このような観察が求められるところです。消しゴムを奪われ，不快や苦痛を感じた子どもも「貸してあげるから，貸してって言ってね」と表現でき，借りた子どもも「ごめん，ありがとう」と言えたら，トラブルが練習の機会になったことになります。

　しかし，子どもが教わっていない連立二元一次方程式を自力で解くことができないように，すべての子どもが上述のような会話ができるわけではありません。また，先のけがをさせたトラブルにおいても，上手に保健室に連れていってあげられるわけではありません。自力で解決ができないときは，教師がその方法を教えたり，モデルを見せたり，励ましたりして，解決の練習をさせるのです。これが，次の②になるのです。

② 教師が介入して解決を練習すべきトラブル

　上記の①のとおり，教師が観察していると，トラブルの解決に慣れていない子どもが戸惑う様子にしばしば遭遇します。どのように謝ればいいのか，どのように許したらいいのか，どのようにお

願いしたらいいのか，子どもたちの工夫を教師が援助することが必要になるタイミングがあります。これが「教師が介入して解決を練習すべきトラブル」の水準です。子どもの人間関係の対応能力を磨くために，教師がこのトラブルを使って指導と援助を行い，また，意図的に見守っているのも，この②の段階です。

　例えば，相手にけがをさせたとき，相手が泣き出したことに慌てて何をやっていいかわからなくなっているのかもしれません。あるいは，もともと援助の方法を知らないのかもしれません。わからない，知らない子どもに対し，「何をやっているの！」と叱る教師は腕がいいとはいえません。腕のいい教師は「こういうときは，まず謝るんだよ」と教えるでしょう。子どもは最初の行動を教えられ，落ち着きを取り戻した後に，自主的に保健室に連れていくという行動を始められるかもしれません。教師が最初のステップを援助してあげることで，子どもの練習がスタートしたのです。また，保健室に連れていくことに気づかなかったら，「けがをしたの？」と声をかけてあげることで，次の行動を始められるかもしれません。②の「教師が介入して解決方法を練習させる」とはそういうことです。

　一方で，一生懸命謝っているのに，かたくなに「絶対に許さない」という子どももいます。そのとき，「相手がちゃんと謝ったら許してあげてもいいのかも」と被害者側を支援するのもここでの練習のひとつです。それは，「必ず許さなければならない」という指導とは異なります。どうしても許せないときには，「許さない」と責めるよりも，「もうしないでね」という言い方があることを教えるという方法もあります。

③　「いじめ」として扱いその基準を教えるべきトラブル

　しかし，どのようなトラブルも練習に使えるわけではありません。社会的に絶対に許されない行為はその場で制止します。その制止すべき基準のことを「いじめ」と呼んできたのです。それは，今日のいじめ防止対策推進法の定めるものとは異なるものでした。ある一定の基準を超えた行為と判断できれば，加害者が「悪気がなかった」と言っても，また，被害者自身が「じゃれているだけ」と加害者をかばっても，その行為は「いじめ」であるとして指導してきたのです。

　例えば，クラスの子どもたち全員で示し合わせて無視をすることは，一定の基準を超えた許されないことです。また，配布されたプリントを後ろの席に送るときに汚いものを触るようにつまむことも，一定の基準を超えた許されないことです。現法制下とは異なり，従来はこの一定の基準を教えることが教師のいじめ対応でした。そのとき，先に述べたように必ずといってよいほど，加害者側は言い訳をします。例えば「悪気はなかった」「相手がそんなに傷つくと思わなかった」「別にそんなつもりでやったわけではない」という言い訳です。悪意がなかったら許されるのでしょうか。

　②の「教師が介入して解決を練習すべきトラブル」までは「そんなことしたら相手はどう思う？」と聞いてあげることが練習につながります。そう問うことで，教師は子どもによりよい人間関係を築こうとする態度とスキルを獲得する手伝いをしてあげているのです。しかし，みんなで無視をしたり，汚いものを触るように接していたりするという場合には，「それはいじめです」と教師が宣言しなければなりません。「悪気はなかった」と言い訳をされたとき，教師がしなければならないのはそれを傾聴することではなく，「あなたがそれを悪いことだと思っていないのであれば，それ

は悪いことであり絶対許されないことだと，今すぐこの場で覚えなさい」と叱ることです。考えさせる必要はありません。「やっていいことか悪いことかを考えなさい」という促しは，子どもに「いいと思います」という答えを許していることになります。ここでは考えさせることではなく，社会的に許されない「いじめ」と呼ばれる一定の基準を獲得させることだけが指導のねらいになります。「あなたのやった行為は，世間では『いじめ』と言って，許されないことです。あなたに悪気があってもなくても，許されない行為です。あなたはその一線を越えました」という，教師の譲らない態度のことを「毅然とした」と呼んできたのです。

　いじめは絶対に許されないけれども，子どもは何がいじめであるか，最初から理解しているわけではありません。いじめが悪いことは教えています。そして，子どもも理解しています。しかし，何がいじめに当たるのかは，子どもの内発的な基準ではなく社会が求める一定の基準であるがゆえに，理解していないのです。子どもは人間関係づくりの練習をする中で，ときにその一定の基準を踏み外すのです。それがいじめでした。いじめを叱るということは，その基準を教えるということでした。

　この③の「『いじめ』として扱いその基準を教えるべきトラブル」は，良好な人間関係を育むことを求められている教師にとっては，当然のことのように理解できることかもしれません。踏み外してはならない一定の基準を教えることは教師の責務だからです。子どもたちは自分たちで，あるいは教師に手伝ってもらって，失敗を繰り返しながら，良好な人間関係の保ち方を習得しますが，大きく失敗したときには，大人が制止しなければいけません。この制止する基準のことを「いじめ」と捉えたほうが指導しやすそうです。つまり，「いじめ」とは，「学校教育の中で対人関係を覚える練習」と次のレベルの「犯罪として関係機関の適切な処遇を受けるもの」の中間にあるものだといえるでしょう。

　しかし，いじめをこのように「越えてはならない一線」として理解することを現行法は認めていません。いじめは，一定の人的関係のある児童生徒間の行為に，対象となった子どもが苦痛を感じたものであると定められているからです。一定の基準がいじめを決めるのではなく，被害者の苦痛がいじめを決めているからです。

④　犯罪として適切な処遇をすべきトラブル

　上記で述べたトラブルは，③のいじめも含めて，学校教育の範囲で子どもを支援し，成長させようとするものです。これらは，教師の役割であり，心理職と協働しながら推し進める教育といえるでしょう。しかし，児童生徒の行った行為の中には，犯罪として適切な処遇がなされたほうがよいものもあります。例えば，けがをするほど殴る，服を脱がせてさらしものにすることなどは犯罪行為です。これを「いじめ」と捉えて指導を続ければ，児童生徒は「先生に叱れられる程度のいけないこと」と覚えることになるでしょう。そのような逸脱行為は，社会では「犯罪」と呼ばれるものであって，警察が扱うものだと覚えさせることが必要です。児童生徒はその一線を判断できないのではなく，知らないか，あるいはズルズルと少しずつ越境してしまうものなのです。その一線を理解することが子どもにとって成長のための大きな課題となるのです。

　学校が警察の力を「借りる」と，あたかも児童生徒を売り渡したかのように理解する向きがあり

ますが，それは犯罪行為であっても指導できると思い込む教師の過信です。話は少しだけ遠回りしますが，学校の中で財布の盗難があったとき，お金を持ってくる被害者が悪いとし，あたかも何ごともなかったかのように一日を終えてしまう学校がありますが，感心しません。悪いことをしても受けるべき叱責も罰もさらに何の反応もなければ，子どもは窃盗を繰り返し，その行動はやがて繰り返される行動パターン，つまり嗜癖になってしまうでしょう。その学校では頻繁に盗難事件が繰り返されることになります。このときに有効な対処方法は，犯人が見つかっても見つからなくても，みんなで事件として大騒ぎをすることです。見つかるかもしれないという緊張は，加害者に罰として機能します。加えて周囲の目に敏感になり，その緊張は不快として記憶されます。最近では盗難事件で学校の中に警察が入ることも珍しくなくなりました。制服姿の警察官がその場に存在することは加害者が行動を改めるのに必要な罰や不快となります。クラスの児童生徒全員から指紋を集めるなど，犯人を探し出す具体的な策が必要なのではありません。もちろん，人権を侵す必要もないのです。子どもに促したいのは，自分が一線を越えたのだという自覚です。いじめも同様です。自分が行ったことは，学校の先生ではなく警察や司法が登場すべきことであり，その一線を越えたのだという自覚を促したいのです。教師が自らを過信して学校教育の力で行動を修正させることを試みるのはその意図とは異なり，普通の叱られ方をする程度の軽いことだという理解を子どもに与えてしまうのです。

　文部科学省が，法に基づいて作成した「いじめ防止等のための基本的な方針」の中では，「『いじめ』の中には，犯罪行為として取り扱われるべきと認められ」るものもあるとされています[7]。犯罪に相当する行為であっても，苦痛が生じている場合は定義に従い，「いじめ」の中にこれを含める，すなわち，犯罪はいじめの一部だという解釈になりますが，いじめと犯罪の境を曖昧にすれば，子どもはいじめとは犯罪のことだと理解してしまう恐れさえあります。大人も学校も子どもを犯罪者だと非難したいわけではありません。教師に叱られるべき誤りと警察や司法が登場してしまう過ち，その境を教えたいのです。そして子どもは初めからその境を知っているわけではありません。言葉による教示だけで理解できる子どももいれば，失敗しながらその境を習得する子どももいるのです。子どもは大小の違いはあっても間違いを犯しながら学ぶのです。その意味では子どもたち同士で学んだり，教師の手助けを借りて学んだりすることと，いじめのレベル，犯罪のレベルを失敗しながら学ぶことにおいて，違いはありません。

（3）査定の失敗が見逃しにつながる

　上記のトラブルの水準のアセスメントは，いじめへの対応における重要なもののひとつといえます。いじめ問題への対応の失敗は，しばしばこの水準の見誤りによるものなのです。

　本来は子どもたち自身で解決を練習したり，教師の援助によって解決を練習したりすべき水準にあるトラブルを，「絶対に許されないいじめ」として扱うことで，練習の機会を奪ったり，あるいは教師が疲弊したりしています。教師は子ども同士で練習する場面から観察しているにもかかわらず，「いじめを許さない」と制止してしまい，子ども同士の練習や教師による適切な援助の機会が失われてしまうのです。それは，練習の場面にいじめや犯罪場面のルールを適用していることになります。教師のいじめへの対応が過度に精緻化され，結果的にはそのシステムの崩壊を招き，見つ

けるべきいじめをむしろ見逃すという結果を招いてしまうという懸念もあります。「いじめを見逃さない」「すべてのトラブルを校内のいじめ対策委員会に報告させ，検討する」という方法は正しくはありますが，完全に遂行できるものではありません。教室の内外は小さなトラブルであふれています。子どもたちは一日の中で何回不快を経験するのでしょう。初めは気を張り，完璧ないじめ対応（未然防止・早期発見・適切な対応）を目指すのですが長続きしません。この取組に疲弊した教師にわずかな油断が生じたとき，重大事態は生じるのです。

　これとは逆に，その行為を即座に止めなければならないいじめや犯罪のレベルにあるにもかかわらず，子ども同士の練習や教師の援助が求められる場面でのルールを適用している場合には，深刻な結果を招くことになります。重大事態にあたってしばしば報道されることのひとつに，担任教師が黙認していたという指摘がありますが，このような事案はその好例です。理由の如何を問わず，制止しなければならないレベルにあるにもかかわらず，まだ担任教師として指導ができると過信したり，あるいは，職責を感じて練習や援助のルールを適用したりしているのです。トラブルは初めから重大で重篤なものであるとは限りません。最初は些細な皮肉であったり，非難であったりするものが次第に暴力性を帯びてきて，またその暴力も深刻なものに変化している例は珍しくありません。当初，担任教師は練習のレベル，あるいは援助のレベルと査定し，介入に及ぶものの，功を奏していないという事例です。教師は次第に変化するトラブルのレベルを正確に査定することができず，いつまでも当初の練習や援助のレベルとの思いを捨てられないでいるのです。結果として重大事態に至ったとき，教師がいじめを制止することなく黙認していたと言われる状況です。もし，新年度のクラス替えや担任の交代というきっかけがあれば，新しい担任教師にはいじめと査定できることが，当初から事態を見続けている教師にはそれができないのです。そこには「クラス内にいじめがあってほしくない」という担任の願いが判断を阻害するという仕組みも働いているのです。それは教師の心の中に「まだ大丈夫」という言葉が湧き上がってくる場面です。

　「仲良しグループ」から「いじめグループ」へと関係性が変化している際にも同様のことが生じます。小学生時代から仲の良かったグループ内の関係が，中学生になると変化してくる場合があります。次第に逸脱行為をするようになり，態度も威圧的になる子どもがいたとき，グループの質は変化します。しかし，その変化には，教師はもちろん子ども自身も気づくことができず，自らが「いじめられている」という自覚さえ持てない子どももいるのです。このような場合の査定は一層難しいものになります。

(4)「トラブルの水準」は指導を意識するときの観点

　「トラブルの水準」は，学校で生じる人間関係のトラブルについて，教師が指導を意識するときに，そのトラブルの水準をどう理解するかという観点で整理したものです。また，子どもを集団の中で教育する場面では必ずトラブルは生じるもので，そのトラブルが人間関係を良好にするための練習の材料であること，そして，教師は見逃しているのではなく，その練習を観察しているのであること，また，必要に応じて援助していることについては，保護者にもあらかじめ理解しておいてほしいことでもあります。それでもそれは「あらかじめ」であって，具体的な事案が訴えられてから，この理屈を用いて本人や保護者に「いじめではない」と説得することは極めて不適切なことです。

その事案がいじめか否かを判断する場合には，まず本人の苦痛を尊重しなければなりません。たとえ，それが子ども同士で解決を練習するべきトラブルの水準であっても，あるいは好意で行われたものだとしても，当該児童生徒が苦痛を感じた場合には，いじめと判断すべきです。

　同時に，いじめと捉えるべき場合には，本人の苦痛の訴えがなかったとしてもいじめと理解することになります。たとえ，子ども同士で解決することができたからといって，そのすべてが練習の水準のトラブルだとは限りません。社会的に許されないいじめそのものを子ども同士で解決していることもあるのです。それらは，いじめと認知することが適当です。重大事態がセンセーショナルに報道されると，その翌年にはいじめの件数が多くなることが知られています。このことはまず，トラブルが練習や援助のレベルであっても，教師が子どもの苦痛に敏感になり，いじめと認知する

保護者への伝え方

コラム **2**

年度初めの保護者会で，保護者には以下のようなことを伝えておくとよいでしょう。

＊

「子どもは，学校で，勉強以外に人間関係を学んでいます。人間関係の練習中なので，トラブルや嫌なことは避けられません。しかし，理不尽なことは許されません。トラブルや嫌なことのすべてがいじめではなくて，理不尽なことがいじめです」

＊

「人間関係のトラブルには，子どもたち同士で解決するようなレベルのものもあれば，教師が手助けをしながら解決するレベルのものもあります。これらとは別に，絶対に許されない行為がいじめです。これは人間関係の練習ではありません。したがって，その場ですぐに止めます。いじめのレベルのトラブルには毅然とした態度をとります。もし，いじめが犯罪と呼ばれるレベルである場合は，関係機関と連携をとります。学校のこの取組にご協力願います」

＊

「子どもは誰でも失敗するものです。重要なのはその変化を早く見つけることです。家庭でお子さんの変化に気づいたら，ご連絡ください。学校と一緒に支援していきましょう」

＊

「また，子どもの失敗の中には，誰かを"いじめる"ことも含まれる点を忘れないでください」

＊

「子どもはトラブルに慣れていないので，本来は，自分たちで解決，または，先生に手伝ってもらうレベルのものでも，大事件が起きたかのように思いがちです。逆に，本当は周囲の大人に援助されなければ解決できないことを，自分でなんとかしようとするのも子どもの特徴です。子どもの抱えているトラブルの水準を見定めることが，教師や保護者の役割です」

ようになるからです。さらに，苦痛の訴えがなくても，教師は人権が侵されることにも敏感になるからでしょう。それは，支援対象者を発見するという機能がよく働いていると捉えることもできそうです。

　実際にトラブルの水準を査定するにあたっては，教師一人で行うことなく，組織的に行うことが重要となります。

文献・ホームページ

1) 文部科学省　（2015）．平成 26 年度「児童生徒の問題行動等生徒指導上の諸問題に関する調査」の一部見直しについて．
http://www.mext.go.jp/b_menu/shingi/chousa/shotou/116/shiryo/__icsFiles/afieldfile/2015/11/25/1363469_2.pdf
（2018 年 8 月 1 日閲覧）

2) 文部科学省　（2017）．いじめの認知（発生）学校数の推移．平成 28 年度「児童生徒の問題行動・不登校等生徒指導上の諸課題に関する調査」（速報値）について．
http://www.mext.go.jp/b_menu/houdou/29/10/__icsFiles/afieldfile/2017/10/26/1397646_001.pdf　（2018 年 8 月 1 日閲覧）

3) 文部科学省　（2014）．平成 25 年度「児童生徒の問題行動等生徒指導上の諸問題に関する調査」について．
http://www.mext.go.jp/b_menu/houdou/26/10/__icsFiles/afieldfile/2014/10/16/1351936_01_1.pdf　（2018 年 8 月 1 日閲覧）

4) 熊谷由美・山本 奬・岩間安美　（2016）．言葉によるいじめの判断：大学生の教職志向による比較．岩手大学教育学部附属教育実践総合センター研究紀要，15, 237-248.

5) 山本 奬　（2018）．いじめ被害者に対する支援姿勢の改善要因：教育学部学生を対象とした架空事例を用いた事例から．学校心理士会年報，10, 132-143.

6) 文部科学省　（2017）．中学校学習指導要領（平成 29 年告示）解説 総則編．
http://www.mext.go.jp/component/a_menu/education/micro_detail/__icsFiles/afieldfile/2018/05/07/1387018_1_3.pdf　（2018 年 8 月 1 日閲覧）

7) 文部科学省　（2013，2017）．いじめの防止等のための基本的な方針．
http://www.mext.go.jp/component/a_menu/education/detail/__icsFiles/afieldfile/2018/03/19/1304156_02_2_1.pdf
（2018 年 8 月 1 日閲覧）

いじめの指導は成長モデルか？

コラム 3

　大人は子どもが日々成長するものだと思っています。「成長」は言葉を換えると，「増えること」です。体重が増えたり，知識が増えたり，できることが増えたりというわけです。小学校に入学して１ケタの数やひらがな・カタカナの学習から始まり，四則演算やたくさんの漢字など，子どもたちは知識や理解を増やし，成長していきます。そして，その成長を支えるのが教師や保護者など，周囲の大人です。しかし，規範意識や人間関係に関わる問題は成長モデルでは語れないかもしれません。世の中で最も正しく生きているのは小学１年生の子どもたちかもしれないからです。人為的に構成された学級のメンバーを，心の底から友情でつながった大切な仲間だと思うことができ，全力の思いやりをもって，全員と分け隔てなくつながろうとします。すべてのことに全力を尽くす姿勢は，勉強や行事でも発揮されます。ひとつも手を抜かず，得意不得意にかかわりなく誠実に取り組むことが正しいと信じることができる人たちなのです。

　人々はこのような小学１年生の姿を当然のことだと疑問なく理解していますが，当の大人たちは同じように毎日を過ごしているのでしょうか。地域のすべての住民と心底仲良く過ごし，全力をもって心づかいをしているのでしょうか。職場の上司や先輩を疑いなく尊敬し，同僚を信じ後輩に十分な配慮を提供しているのでしょうか。大人の社会は小学１年生の世界とは異なるもののようです。小学校から計算や漢字の知識を重ね，増やしてきたからこそ大人の今がある一方で，規範意識や人間関係については増やすどころか減らしてきたことがわかります。

　実際，小学生も高学年になると，どうしても理解できなかったり，嫌いで受け入れられなかったりするクラスメートが現れます。それでも小学生のうちは小学生用の正しいルールで乗り切るのですが，中学生になると事態は一変します。掃除の時間にさぼっていた友だちの名前を挙げて班として反省していた小学生のころとは異なり，人の名前を挙げて反省を求めることがどんなに危険なことか，多くの中学生は理解します。どんなに頑張っても，才能に恵まれた同級生には勉強でも運動でも芸術でもかなわないことを思い知らされ，その事実を受け入れるようになるのが中学生です。自分の力を受け入れる過程では，人を妬み，恨み，嫌いになるという気持ちも働きます。しかし残念なことに，このとき小学生のころの「みんな友だち」というルールが適応の邪魔をします。自分を苦しめる同級生をどうしても友だちと思えないとき，相手を敵と理解することになります。中学生の人間関係には，「友だち」と「敵」しかいないのです。敵の言動は自らをイラつかせ，その気持ちはときにいじめのきっかけを生み出すことにもなるのです。

　それでも高校生になると次第にその人間関係に慣れてきて，クラスはとても仲の良い数人の友だちと，わずかな敵と，残り多数のどうでもよい人たちで構成されていることに気づくようにな

ります。同じころ，高校では理系と文系にコースが分かれ，人には得意なことと不得意なことがあることが公然のルールとして位置づけられます。高校を卒業するころには，小学1年生のときに持っていた「みんな友だち」「なんでも全力」という信念はずいぶん減っていることになります。これを社会では「適応」と呼んでいるのです。

　規範意識や人間関係は増えるモデルではなく，減るモデルでできているのかもしれません。問題は，それらをなだらかに減少させることが許されていない点です。本来は成長に応じて減少させることで適応が果たせるものですが，学校制度において，ルールには校種間の区切りが存在します。そのため，小学生は6年間，中学・高校生は各3年間，場合によっては個人の成長に見合わないルールが不自然に延長されることになります。一方で，ひとたび校種が変われば，児童生徒はその大きな落差を処理しなければなりません。「中1ギャップ」と呼ばれる現象は，小学生だった子どもが中学に入り，しなければならないことが増え，あるいは人間関係が複雑になることから生じると信じられていますが，実際には，人間関係や生き方のルールが変わることに適応できない状況を指す言葉だと考えられます。それは「みんな友だち」「何でも全力」を上手に減らすことができない状況を指しています。

　そして，「みんな友だち」「何でも全力」を上手に減らすことができない子どもたちの中には，ルールが変わったことに気づけていない子どももいます。それは小学1年生のころの教師の指示をよく理解し，大切に保持している子どもたちです。多くの子どもたちは誰かに教えられなくても自然とそのルールの変更を理解し，周囲に合わせ適応しますが，一部の「まじめ」な子どもたちはそれができません。その「まじめさ」は「かたくなさ」と呼ばれることになります。

　考えてみれば，ほとんどの教師はこのルールの変更を教えていません。教えていないにもかかわらず，小学1年生のときのルールを保持している子どもが適応できない理由が理解できずにいます。こんなとき，もしかしたらその子の目の前に立ち，目を見つめ，両手を握り「ルールは変わりました」と教えてあげるだけで，適応できるかもしれません。そして，このルールの変更に気づけない子どもたちはいじめの対象になったり，不登校になったりすることが多いようで，社会はそれを「中1ギャップ」と呼んでしまうのでしょう。教科科目が成長モデルであるのに対し，規範意識や人間関係は下降モデルであることを教師は理解したほうがよさそうです。それらを減らすために，子どもは「妥協」という対処法に取り組みますが，上手な妥協は適応と同義であることを理解しておきたいものです。確かに人間関係を上手に保つ技を獲得する場面では成長モデルに見えるところもありますが，いじめ対応を考えたとき，規範意識をより増やし精緻にしていこうとするよりも，子どもたちが不得意とする上手な妥協を支援しようと考えるほうが現実的です。

II章 いじめ発生のメカニズム

行動・認知・ストレスに焦点を当てて

1. いじめ状況を整理する視点

　いじめ防止対策推進法第二条において，「『いじめ』とは，児童等に対して，当該児童等が在籍する学校に在籍している等当該児童等と一定の人的関係のある他の児童等が行う心理的又は物理的な影響を与える行為(インターネットを通じて行われるものを含む。)であって,当該行為の対象となった児童等が，心身の苦痛を感じているものをいう」とされています。この定義に含まれている「行為」とは，広い範囲の行動を含む形で設定されているため，実際的な問題として，児童生徒と教師間，あるいは保護者間において，「いじめの発生の有無」に認識の差異が発生し，いじめが疑われる事件が起きた場合に，「いじめとは認識していなかった」という報告がなされることが少なくありません。

　このような問題の背景のひとつとして，「いじめ」という表現自体が非常に多義的であり，複数の行動を含むために，複数の立場から見たときに，同一の「機能（≒理由，目的，意図)」をもつものとして認識することが困難であるということが挙げられます。異なる認識をもつ複数の関係者（教師，保護者，児童生徒など）が協同して問題に取り組むためには，いじめという問題を，目に見える形で具体的に共有することが不可欠になります。このような視点から，いじめの状況を整理するためには，「行動」と「認知」に焦点を当てたいじめの理解が有効であると考えられています。主に「行動」に焦点を当てたいじめの理解は「行動分析学」，「認知」と「行動」を総合的に考慮したいじめの理解は「認知行動療法」という心理学の理論によって説明することが可能です。このような，「行動」と「認知」の2つの視点で，いじめの状態像を理解，整理することによって，いじめに関連した問題の予防や，解決の糸口が見えやすくなることにつながると期待されます。

　また，いじめの問題には，もうひとつ「苦痛」という重要な柱があります。いじめは上述の行為の結果，対象となった児童生徒に苦痛が生じていることがその要件です。苦痛とはなんらかの刺激に対する反応であり，その多くはストレス反応として捉えることができます。そして，人は不快な反応を解決・解消するために意図的な工夫をするものですが，その工夫自体が新たな問題を生じさ

せることも少なくありません。苦痛を感じた子どもが次のいじめの加害者になることも珍しくないのです。このような刺激と反応と対処行動という一連の流れは「ストレスモデル」と呼ばれるものです。不快な刺激はストレッサーとして、苦痛や不安はストレス反応として、いじめをするという誤った解決策は対処行動として、捉えることができます。このような捉え方は善悪を越えて、加害被害を問わず、介入のアイデアを支援者に提供してくれることでしょう。

2. 行動分析に基づく理解

（1）行動分析学とは

　おもちゃ屋さんの前で、「買って買って〜！」と駄々をこねる子どもと、「も〜、うるさいな〜。仕方ない、今日だけね」と言う親御さんの様子を見たことのある方は少なくないと思います。この状況は、「子ども」と「親御さん」という2人の登場人物と「おもちゃ」の存在が、相互に影響して作られているという見方ができます。「おもちゃを見つける」というきっかけによって、子どもの「『買って買って〜！』」と駄々をこねる」行動が出現しました。一方、子どもの「買って〜」が親御さんにとってのきっかけとなり、「仕方ないと言いつつ、おもちゃを買う」行動が出現しています。子どもは、駄々をこねる行動の結果として、「おもちゃを買ってもらえた」という良い状況につながりましたから、おそらく同様の状況で、また「買って〜」というおねだり行動が出現しやすくなると予想できます。親御さんにとっても、おもちゃを買う行動の結果として、「子どものうるさいおねだりが止んだ」という良い状況につながりましたから、おそらく同様の状況で、また、おもちゃを買う行動が出現しやすくなると予想できます。

　このような現象は、行動分析学（Behavior Analysis）のオペラント条件づけによって説明されています。行動分析学とは、人間または動物などの行動を分析する学問であり、観察可能な行動と環境要因との間の相互作用に着目し、行動の生起／非生起を理解する手段である[1]、と定義づけられています。行動分析学の主要な原理として、このオペラント条件づけと、もうひとつ、レスポンデント条件づけがあります。また、行動分析学の考え方を基に、人間や動物のさまざまな問題行動の解決や、適応行動の獲得に応用させるものとして応用行動分析（Applied Behavior Analysis）があります[2]。応用行動分析の考え方は、自閉症スペクトラムを中心とした発達障がいのある子どもの療育や教育においても、中心的に活用されています。

　先ほどのおもちゃ屋さんの例のように、行動分析学の得意なところは、ひとつの現象を登場人物の行動ごとに整理し、登場人物の相互の影響性を明らかにすることで、問題の整理や理解、対応につなげることができるというところです。いじめの問題の整理や対応においても、いじめには、被害者、加害者、傍観者といった、複数の立場から複数の児童生徒が関わっているという特徴があるということから、行動分析学に基づく理解が有効であると考えられます。

（2）オペラント条件づけに基づくいじめの理解

　オペラント条件づけにおいては、行動が生起するためには何らかの「きっかけ（先行事象）」があること、「行動」の後には、その後の行動の生起頻度、すなわち今後のその行動の起こりやすさ、

図Ⅱ-1 三項随伴性

起こりにくさに影響を及ぼす「結果（後続事象）」があるとされています（図Ⅱ-1）。この三項随伴性の考え方に基づけば，①きっかけ（先行事象）がなければ行動は起こらず，先行事象が認識されるために行動が起こる，②結果（後続事象）として，行動をした者にいいこと（強化事態）が起こると，その行動の起こりやすさ（生起頻度）は増え，悪いこと（嫌悪事態）が起こると，その行動の起こりやすさは減る，と考えられています。

さきほどのおもちゃ屋さんの例でいえば，子どもがおもちゃを見つけなければ，あるいはおもちゃを見つけても，欲しいものでなければ，すなわち，きっかけがなければ，「買って〜」という行動は起こりませんでした。親御さんにとっても，子どもが「買って〜」と言わないわけですから，当然ながら，「おもちゃを買う」という行動は起こりえません。また，子どもの「買って〜」に対して，親御さんが，「相手にせずにそのまま先に行ってしまう」という行動をとったとすると，子どもにとっては，いいこと（強化事態）が起きませんから，おそらく，「買って〜」という行動をあまり取らないようになると予測できます。

いじめに関連する行動も，同様に三項随伴性に基づいて整理することが可能です。ただし，先述のとおり，「いじめ」は多義的であるため，行動分析を行い，三項随伴性に基づいて整理するためには，具体的な行動の定義が必要になります。また，当然ながら，行動の主体が1人しかいないときにいじめは発生せず，いじめの「加害者」「被害者」「傍観者」などの立場にあわせて，行動を整理することが求められます。

まず，加害者の行動として，「相手をたたく」という行動を例に三項随伴性の図式に基づいて整理を行ってみましょう（図Ⅱ-2）。加害者となる者も，「常に」人をたたいているわけではなく，必ず行動には先行事象が存在します。例えば，教師に叱られてイライラしているかもしれない

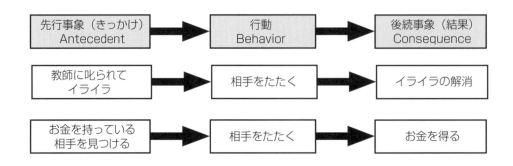

図Ⅱ-2 加害者の「相手をたたく」行動の三項随伴性に基づく整理 [3]を改変

し，お金を持っている相手を見つけることなども，相手をたたく行動の先行事象になりえます。ここまですでに，「相手をたたく」という行動は共通していても，先行事象は異なっていることがわかります。同様に，後続事象に着目すると，「相手をたたく」行動の結果として得ているいいこと（強化事態）も異なっていることがわかると思います。この「得ているいいこと」の違いに着目し，行動の「機能（≒理由，目的，意図）」を理解する手続きとして，機能的アセスメントがあります。機能的アセスメントに関しては，(4)「行動の『機能』を理解する」において，詳細に説明を行います。

(3) レスポンデント条件づけに基づくいじめの理解

オペラント条件づけに並ぶ行動分析の主要な原理として，レスポンデント条件づけがあります。レスポンデント条件づけの代表的な話として，「パヴロフの犬」があります。パヴロフは犬の唾液分泌の実験を行っている際，エサを食べたときだけでなく，普段エサを盛っている皿を見たときにも唾液の分泌が観察されることに気づき，実験的に，メトロノームの音とエサを対呈示していたところ，メトロノームの音を聞いただけでも，唾液の分泌が確認されることを実証しました（図Ⅱ‐3）。

いじめに関連する行動も同様の理解と整理が可能になります。例えば，学校はもともと中性刺激

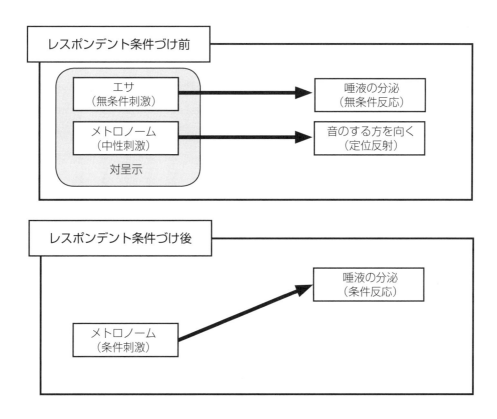

図Ⅱ‐3　「パヴロフの犬」の現象に対するレスポンデント条件づけからの理解

（ポジティブでもネガティブでもない刺激・存在）であったが，学校と被攻撃体験（いじめられたという体験）が対呈示されることで，学校を見たり考えたりするだけで，恐怖が喚起されるというような学習をしてしまうこともあります。このように，レスポンデント条件づけによって獲得された学習を消去する方法としては，認知行動療法における曝露療法（エクスポージャー）などが代表的です。エクスポージャーなど，認知行動療法に関しては，本章3.「認知行動療法に基づく理解」にて，詳細に説明を行います。

(4) 行動の「機能」を理解する

　（2）にて紹介したとおり，行動の形態（例えば，相手をたたく）が一緒であっても，その行動の「機能」は異なります。そのため，個々の行動の機能を明らかにする手続きとして，「機能的アセスメント」があります。機能的アセスメントとは，三項随伴性の枠組みに基づいて，行動の出現頻度に影響を及ぼす先行事象や後続事象を明らかにすることによって，その行動の出現に影響を及ぼしている要因を明らかにする一連の情報収集方法です[4]。機能的アセスメントは大きく3つのタイプに分類されており，1）行動の主体（例えば児童生徒）以外の立場の者（例えば保護者や教師など）を対象として面接や質問紙で行う間接的アセスメント，2）生活場面（例えば家庭や学校）において，直接的に行動している者の行動観察を行う直接的アセスメント，3）相談室などの観察場面で，標的行動の生起や維持に影響を及ぼす要因を系統的に操作し，標的行動の直接的観察を行う機能分析があります[5]。機能的アセスメントの具体的方法には，直接観察や，MAS（Motivation Assessment Scale）[6]を用いた方法などがあります。

　学校においては，教師の立場からの行動観察が最も実施しやすい機能的アセスメントの手段になるでしょう。その際，1名の教師の視点だけではなく，複数の教員がそれぞれ観察を行うことが推奨されます。また，異なる立場の教師（例えば，他のクラスの担任，養護教諭，管理職など）やスクールカウンセラーによって観察されることも望ましい方法です。また，1回限りの行動観察では，たまたま対象の児童生徒が落ち着いていたり，観察があることで緊張感を持っていたりして，十分に想定した行動が確認できない可能性もあるので，観察の機会は複数回，設定されることをお勧めします。このような手続きによって，誰が見ても，同様のきっかけで行動が生起し，同様の結果が得られていると観察ができれば，行動の機能を判断することは容易なはずです。

　ただし，複数の教師で観察するためには，観察対象となる行動を限定しておく必要があります。そのためには，行動を具体的に記述するという手続きが必要になります。例えば，「友だちをからかっている」という行動を示す生徒の真似をしてみてください。もしかしたら，悪口を言う方もいれば，肩を小突く方，物を取ろうとする方，にやにやしながら見つめる方など，さまざまな様子を真似される方がいるかもしれません。これは，「友だちをからかっている」という行動が，具体的に記述されていないために起こる現象です。これでは，複数の教師が観察する際，それぞれ，どの行動を観察しているかわからなくなってしまい，機能的アセスメントも成立しません。行動観察を行う際には，必ず行動を具体的に記述するという手続きを踏み，観察する教師が相互に真似をしてみて，同じ行動が表現できていることを確認することが求められます。

　機能的アセスメントにおける機能とは，①ストレスの発散，②物の獲得，③注目の獲得，④嫌な

ことの回避，⑤感覚刺激の獲得の5つに大別されています。

ストレスの発散とは，心理的ストレスを感じている状況において行動し，強化事態として，心理的ストレスの低減が確認された際の機能を指します。その場合，当該行動はストレスの発散の機能をもつと予測されます。図Ⅱ-2の例のひとつめの図式のように，イライラを感じている状況において行動し，強化事態としてイライラの解消につながっていることから，この場合の相手をたたく行動の機能は，ストレスの発散であると予測できます。一般的に，ストレスの発散の機能をもつ行動として，リラクセーションや軽い運動，趣味への従事，入浴や睡眠などが挙げられます。

物の獲得とは，行動することによる強化事態として，何らかの具体物や，機会を得ることができることが確認された際の機能を指します。その場合，当該行動は物の獲得の機能をもつと予測されます。図Ⅱ-2の例の2つめの図式のように，お金を持っていない状況において行動を行い，強化事態としてお金を得ていることから，この場合の相手をたたく行動の機能は，物の獲得であると予測できます。一般的に，物の獲得の機能をもつ行動として，「ちょうだい」と言ってお菓子をもらう，「貸して」と言って本を借りる，「入れて」といって遊びに加わる，などが挙げられます。

注目の獲得とは，他者からの注意喚起が行われていない状況において行動を行い，強化事態として，他者からの注意喚起が行われることが確認された際の機能を指します。その場合，当該行動は注目の獲得の機能をもつと予測されます。一般的に，注目の獲得の機能をもつ行動として，相手の名前を呼んだり，肩を軽くたたいたりするような行動や，挙手などが挙げられます。

嫌なことの回避とは，行動することによる強化事態として，何らかの嫌いな具体物や苦手な活動などへの従事を回避することができることが確認された際の機能を指します。その場合，当該行動は嫌なことの回避の機能をもつと予測されます。一般的に，嫌なことの回避の機能をもつ行動として，その場を離れる，逃げる，家など安全な場所にとどまる，などが挙げられます。

感覚刺激の獲得とは，行動することによる強化事態として，楽しい，うれしい，面白い，気持ちいい，安心する，などの感覚を獲得することができることが確認された際の機能を指します。一般的に，感覚刺激の機能をもつ行動として，食べることや遊ぶこと，毛布など柔らかい布に包まれること，あたたかいシャワーを浴びること，などが挙げられます。

このような機能的アセスメントを行う場合には，必ず標的行動を設定する必要があります。すなわち，「どの」行動の機能をアセスメントするのか，ひとつの行動に絞る必要があります。いじめの問題を扱う際，標的行動として設定しうるものは「いじめ行動」ではなく，「たたく」「悪口を言う」「無視をする」などの具体的な行動として設定する必要があります。同様に，「見て見ぬふりをする」「先生に相談する」「親に相談する」「がまんする」などといった，いわゆる被害者の立場や傍観者の立場が選択しうる行動についても，機能的アセスメントを行うことが求められます。複数の行動に焦点を当てる場合や，複数の者の行動に焦点を当てる場合には，それぞれについて個別に，機能的アセスメントを行うことが重要です。

さらに，いじめのように，ある者の行動が，他者の行動の先行事象になっていたり，後続事象になっていたりする場合もあります。図Ⅱ-4に示したとおり，被害者の「がまんする」あるいは「持っているお金を渡す」行動の先行事象は加害者の「相手をたたく」行動が影響を及ぼしています。同様に，被害者のお金を渡す行動は，加害者にとっての強化事態として後続事象に影響を及ぼし，結

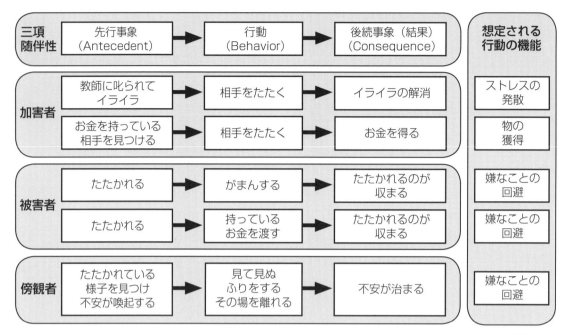

図Ⅱ-4 「たたく」を中心とした加害者・被害者・傍観者の機能的アセスメント例[3]を改変

果的にたたく行動の生起頻度を高める操作になってしまっていると予測できます。傍観者にとっても，加害者と被害者の行動が，先行事象や後続事象に影響を及ぼしていると理解できます。

　このような機能的アセスメント，あるいは三項随伴性に基づく整理を行う利点は，大きく 2 つあります。ひとつは，いじめに関連する不適応行動の減弱（望ましくない行動を減らすこと），あるいは適応行動の増加（望ましい行動を増やすこと）を促進するために，先行事象，行動，後続事象のどこからアプローチしてもよいという視点を獲得できることです。「随伴性」，すなわち「付随して，伴って生じる性質」という言葉で示されているとおり，先行事象，行動，後続事象がそれぞれ関連して，行動の生起あるいは非生起頻度が決まります。そのため，先行事象，行動，後続事象のいずれかが変容すると，その他の要因も変容する可能性が高くなります。具体的には，先行事象にアプローチし，加害者がイライラする状況を減らせば，相手をたたく行動が減ると予測することができます。また，相手をたたく行動以外で，ストレスの発散の機能をもつ行動を習得すれば，相手をたたく行動が減ると予測されます。さらに，相手をたたいても，イライラが解消されないことに気づけば，相手をたたく行動が減ると予測することができます。これらのように，行動の機能を含む三項随伴性に基づいて行動を整理するということは，アプローチの選択肢を増やすことにつながります。当然，アプローチしにくい要因もあり，例えば「相手をたたいても，イライラが解消されないことに気づくまで，たたかれることに対して耐える」という方法は現実的ではないため，実行しやすい方略に重きを置くことが推奨されます。

　2 つめの利点として，行動の機能が予測できることによって，適切な代替行動を設定することが可能になるという視点が挙げられます。問題行動に対する支援は，大きく，問題行動の減弱と適応行動の増強の 2 つの方針によって構成され，特に後者に重きを置くことが重要です。問題行動の

減弱に重きを置こうとすると，支援者の関わりは叱責などが中心になり，支援者との関係が悪化したり，支援者に隠れて問題行動を表出したりすることにつながりかねません。一方で，適応行動の増強に重きを置くと，支援者の関わりは賞賛などが中心となり，支援者との関係が良好なまま保たれることが多くなります。また，適応行動が増加することによって，問題行動を生起させる機会や時間が減少し，結果的に問題行動自体が減少することも期待できます。そのためにも，問題行動と同じ機能をもち，問題行動よりも望ましい代替行動を適切に設定することが重要となります。例えば，いじめ行動の機能が「ストレスの発散」であれば，より望ましい行動でのストレスの発散方法（例えば，スポーツやリラクセーションなど）を学習したり，遂行したりできるようになることが，支援の方針となります。その具体的な手続きとして，社会的スキル訓練（Social Skills Training: SST）や問題解決訓練などがあります。

(5) いじめの「機能」に着目した問題の理解と対応

　これまで紹介してきたように，いじめの問題を理解するためには，個々の行動に対する機能的アセスメントの手続きが不可欠です。改めて，図Ⅱ‐4を確認しながら「いじめ」とされる行動の整理を行っていきましょう。図Ⅱ‐4には，「たたく」を中心とした，加害者，被害者，傍観者のそれぞれの行動の機能的アセスメントの例が示されています。加害者と被害者の例が2つに分かれていますが，加害者の部分では，同じ「たたく」場合にも，先行事象や後続事象が異なると，行動の機能が異なることを示していることが確認できます。また，被害者の部分では，加害者の行動が共通して先行刺激になっていますが，自身の選択する行動が異なるということが示されています。

　「行動の機能」の部分に着目すると，社会通念上は望ましくない事態にもかかわらず，少なくとも短期的には，すべての立場の者にとって，なんらかの「いいこと」，すなわち強化子が得られていることがわかります。加えて，本人が意図するかしないかにかかわらず，結果的に，加害者の行動にとって被害者の反応が，被害者の行動にとって加害者の反応が強化子になってしまっている状況も理解することができます。(2) にて示したとおり，行動に対して強化子が随伴した場合，その行動の生起頻度が高まることが，「オペラント型学習」の原理として知られています[1]。そうすると，おそらく図Ⅱ‐4に示されたような，「たたく」行動，「がまん」や「お金を渡す」行動，「見て見ぬふり」や「逃げる」行動は，それぞれが選択されやすい行動として「学習」されてしまい，積極的な「介入」を行わない限り，自然に状況が変わることや，見守ることで自己の成長を促すことは，不可能であると考えられます。

　具体的な介入の手続きのヒントも，図Ⅱ‐4に示した機能的アセスメントに含まれています。機能的アセスメントを行う大きな意図は，先行事象，行動，後続事象のいずれかに対し，どのようなアプローチをすることが有効かを検討するところにあります。加害者に対する介入例を図Ⅱ‐5に，被害者に対する介入例を図Ⅱ‐6に，傍観者に対する介入例を図Ⅱ‐7に示しました。

　図Ⅱ‐5に基づくと，介入方針は大きく，先行事象のコントロール，すなわち環境調整と，代替行動の獲得と遂行の2つの観点に分けることが可能になります。認知行動療法の考え方においては，対象となる人を取り巻くすべてのもの，例えば他者や周りにある物，住環境，法的な制度など，さまざまな外的な要因を「環境」として位置づけています[7]。図Ⅱ‐5に示した状況に基づけば，環

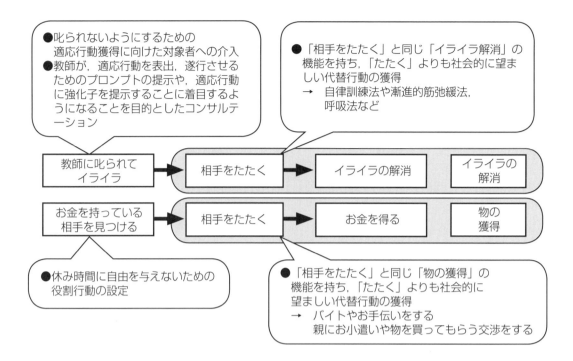

図Ⅱ-5　加害者の「たたく」行動に対する機能的アセスメントに基づく介入例[3)を改変]

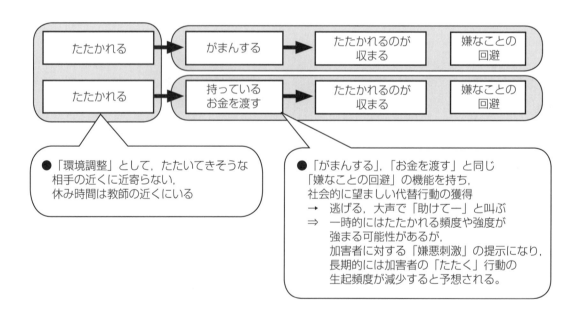

図Ⅱ-6　被害者のたたかれた後の行動に対する機能的アセスメントに基づく介入例[3)を改変]

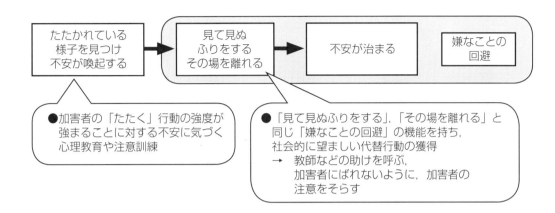

図Ⅱ-7 たたかれている状況を見つけた後の傍観者の行動に対する
機能的アセスメントに基づく介入例[3]を改変

　境をコントロールするということは，加害者以外に対するアプローチを行うということを意味します。具体的には，仮にイライラしている状況でたたく行動が生起しやすいのであれば，イライラしている状況を減らす形で先行刺激をコントロールできないか，検討を行うことが求められます。同様に，たたく行動の代替行動としてリラクセーションを選択するとした場合には，リラクセーション行動が生起しやすくなる状況を増やす形で先行刺激をコントロールできないかを考えることになるでしょう。

　一方，代替行動の設定で重要なことは，図Ⅱ-5, 6, 7にかけて強調されているとおり，「機能が等しく社会的に望ましい行動」を設定することです。仮に，たたく行動の機能が「お金の獲得」であるとした場合，いくらリラクセーションの遂行を促したとしても，たたく行動の減少には至らないはずです。機能が等しく，対象者（図Ⅱ-5の場合は加害者）が遂行しやすい行動を段階的に，スモールステップで設定することが求められます。具体的には，「友だちをたたく」よりも「先生をたたく」ほうが「比較的マシ」であり，さらにそれよりも適応的な「壁をたたく」「給食袋をたたく」「その場で地団太を踏む」「教室を飛び出してどこかにいく」「大声を出す」「頭をかきむしる」「肩を上げ下げして深呼吸する」などに徐々に移行できるように段階設定を行い，その水準の行動が遂行しやすく効果的であるのかを検討する必要があります。あわせて，これらの段階的に設定した適応行動，あるいは比較的マシな行動が生起した場合には，強化子を適切に提供することで，その行動の生起頻度が増える可能性を高めていきます。具体的には，「自分でコントロールしていたね」「ちゃんと落ち着けていたよ」「いいチャレンジだったと思うよ」などといった社会的賞賛を提示することで，本来の「ストレスの発散」にプラスした強化事態の設定を行うことも，必要な操作となります。

　図Ⅱ-6に示した被害者に対する介入，および図Ⅱ-7に示した傍観者に対する介入方略も，対象は異なるものの，重視する観点は共通しています。①行動の生起する先行刺激を操作する，②機能的に等しい代替行動を設定する，③適応的な行動が確認された場合，あるいは適応行動の遂行に

チャレンジしていた場合には，後続刺激として社会的賞賛などの強化子を提示する，という手続きが求められます。

これまで示してきたように，すでに起きている事象に対しては，特徴的な問題行動を示す加害者だけではなく，被害者，あるいは場合によっては傍観者の立場も含めて，一人ひとりの，さらには一つひとつの行動に対して機能的アセスメントを行い，対応を選択することが必要となります。図Ⅱ-5,6,7に示した介入例はあくまで一例ではありますが，同様の手続きを通して機能的アセスメントを行った場合，先行事象，行動，後続事象のいずれかに対するアプローチに即効性があり，効果的であるかを踏まえて選択することが望ましいといえます。同様の観点から，関係性攻撃の代表的な手続きである「無視する」行動の機能的アセスメントとそれに基づく介入例を図Ⅱ-8に，またいじめを疑う教師の行動の機能的アセスメントと介入例を図Ⅱ-9に示してみましょう。

図Ⅱ-8に示した「無視する」行動に関しても，基本的な方針は「たたく」行動の場合と同様で

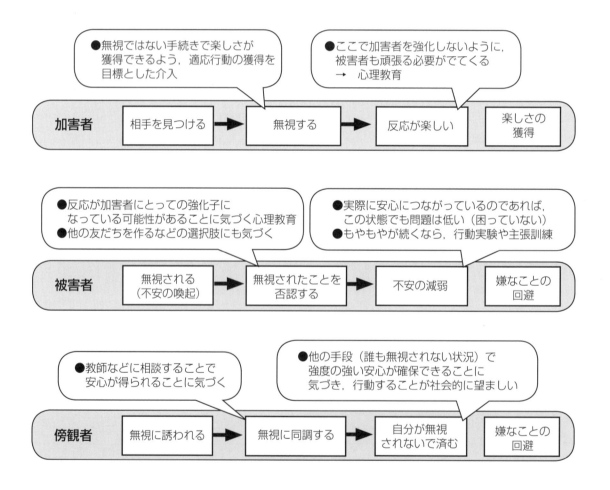

図Ⅱ-8 「無視する」を中心とした機能的アセスメントとそれに基づく介入例[3)を改変]

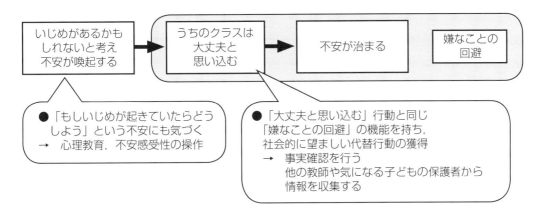

図Ⅱ-9　教師の行動に対する機能的アセスメントに基づく介入例[3]を改変

す。(4) の図Ⅱ-4でも示したとおり，特に被害者は意図していないにもかかわらず，結果的に加害者の無視する行動を強化してしまっていることに気づくことが必要ですが，当事者が自ら気づくことは非常に困難であることが予想されます。そのため，教師やスクールカウンセラー，あるいは周囲の友だちが反応の非機能的な，すなわちうまくいっていない随伴関係に気づき，刺激のコントロールを行うことが必要になります。また，あらかじめ，無視が行われる前に，心理教育として無視の不適切さを周知しておくことも，予防的な取組という観点から，重要になります。

加えて，実際のいじめの問題においては，教師自身が介入の対象となることは少なく，コンサルテーションという形で支援を受ける形が多いと予測されます。その場合に，教師の行動を客観的に示す意味で，図Ⅱ-9のような提示は有効になる可能性があります。ただし，すべての教師が同様の思考や行動を選択しているという意味ではなく，陥りやすい思考の悪循環に気づく，といった意味合いで，例示することが望ましいでしょう。

(6) まとめ

これまでのいじめの問題に対する対応が奏功しなかった例の中には，「いじめ」という具体性に欠ける問題を対象としており，具体的に「どの行動」にアプローチしているのかが，支援者間で共有できていなかった場合があったと考えられます。同様に，小さいころからのいわゆる「しつけ方」など，家庭での教育方針に過度に原因帰属する傾向や，「心の闇」のような，共有不可能な事象に対する理解した「つもり」になる状況が結果的に問題を複雑化させ，手を出しにくくしていた場合もあります。

それに対して，本節においては，客観的に理解可能な「行動」に着目すること，行動の「機能」を理解すること，という方針を提示しました。この視点に基づいて，複数の支援者間で，具体的な問題の整理を行うことが，支援の第一歩になると考えます。

3. 認知行動療法に基づく理解

（1）認知行動療法とは

　認知行動療法（Cognitive Behavioral Therapy: CBT）とは，「行動」という単位でさまざまな規模の事象を捉え，「学習」というメカニズムを用いて，それらの行動の機能的な変容を目指していく心理療法です[8]。「行動」に着目するという点は，行動分析と共通していますが，頭の中で考えたり，思ったり，頭に勝手に浮かんできたりしてしまうような，「認知」，すなわち考え方もあわせて整理し，支援に組み込んでいくという特徴をもっています。行動や認知の変容を積み重ねることによって，本人や周囲の人の生活の質の向上が達成できるという観点をもっています[8]。CBTが適用されている実践領域は心理臨床場面にとどまらず，非常に多岐にわたっており，またその有効性はいくつもの研究によって実証的に確認されています[9],[10],[11]。そして，これらの実証的な知見に基づき，CBTは日本においても，国の施策的な取組にも採用されています。例えば厚生労働省[12]は，うつ病の治療の際に用いるCBTに基づいたマニュアルを作成しています。そのほかにも，法務省矯正局・保護局[13]は，性犯罪加害者の特別改善指導の際に用いる再犯防止指導プログラムをCBTに基づいて作成しています。

　一方，教育臨床の実践領域においても，CBTの有効性はほぼ揺るぎないものとなりつつあります。例えば，不登校[14],[15]や特別支援教育[16],[17]の問題に代表される個別支援的援助に加えて，対人関係行動の円滑化を目指した予防的支援[18]，社会的スキル訓練[19]，ストレスマネジメント教育[20]などの集団支援的援助（集団認知行動療法）の実践も数多く報告されています。これらの児童生徒を対象とした直接的援助に加えて，教師に対する行動コンサルテーションの枠組みからの援助[21]など，児童生徒に対する間接的援助の実践も報告されており，その形態も多岐にわたっています。

　CBTが指すものは，2000年以降の間でも異なっており，実際に，2014年には日本行動療法学会が日本認知・行動療法学会に，2017年には日本認知療法学会が日本認知療法・認知行動療法学会に名称変更するなど，学会としても社会情勢などをかんがみて対応を行っています。認知行動療法に共通する要素としては，図Ⅱ-10に示すように，個人の行動，認知，感情，身体の相互の反応と，環境との間の相互作用に着目するというところにあります。その中で，環境との間に非機能的な状態が生じた場合に，新たな行動を獲得したり，異なる行動を選択したりするような行動的なアプローチや，認知の多様性に気づくような振り返りを行いながら，新たな認知に基づく行動を選択するような認知的なアプローチを行っていきます。

　認知行動療法の基盤となっている，行動療法や認知療法の枠組みからの印象によって，行動的なアプローチは行動変容を目的とし，認知的なアプローチは認知変容を目的としている，という認識がなされがちですが，これは誤りです。図Ⅱ-10に示されているように，行動も認知も，あるいは感情や身体も相互に影響を及ぼしているために，行動「のみ」変容することは実際的ではなく，行動変容によって認知変容が促されたり，認知変容が起これば，行動も変容したりすることは，日常生活の中でも，頻繁に確認可能な事象です。加えて，認知行動療法の最終的な目的は，対象児者の「セルフコントロール」の獲得にあります。セルフコントロールとは，問題や日常生活において，

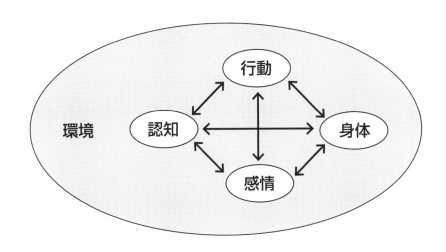

図Ⅱ-10 認知行動療法において扱われる対象

自分で自分の認知や行動，感情などをコントロールし，適応的な結果に結びつく手段を選択することができる能力を指します。そのため，問題そのものが消失していなくても，対象者のセルフコントロール力が十分に高まったと確認された場合には，終結とする場合も少なくありません。

また，認知行動療法に対して一般にイメージされているような，「行動を変える」「認知を変える」という表現にも，大きな誤解があります。認知行動療法は，必ずしも「変える」ことに重きを置いておらず，実際には，行動や認知の「選択肢を増やす」ことに重きを置いています。したがって，これまでに選択してきた行動や認知に，適応のための資源となりうるものがあれば，積極的に活用していくこととなります。また，これまで選択してきた行動や認知が，あまり良い結果につながらないことに気づいたときに，よりよい行動や認知がないか振り返ってみたり，新たに学習したりする手続きを選択します。このように，認知行動療法の手続き上のポイントとして，「行動や認知の多様性」に気づき，選択肢を増やすことが重要です。

(2) 対人関係におよぼす「認知」の影響

他者との関わりのなかにも，認知は影響力を持っています。例えば，「同じクラスの友人2人が，笑いながらおしゃべりをしていた」という場面を想像してみてください。ある児童は，「ねえねえ，何の話？」と，笑顔で近づいていきましたが，ある児童は「俺の悪口言ってるな！」と，怒って近づいていきました。この2人の児童の行動の差は，なぜ現れたのでしょうか。

出来事としては共通していても，2人の行動に違いが出た要因のひとつが，「認知」になります。前者の児童は，「面白い話をしていそうだから自分も加わりたい」と考えて，仲間に入ろうとする行動を選択しました。一方，後者の児童は，「自分の悪口を言っているに違いない」と考えて，怒ってやめさせようとする行動を選択しました。このように，出来事に対する受け止め方や，出来事をきっかけとして，頭の中に勝手に浮かんでしまう思考，すなわち「自動思考」によって，その後生起する感情や行動に違いが出てくるわけです。一般には，これを「個人差」として片づけてしまい

がちですが，このような認知の違いは，対人関係上のトラブルに発展することもあれば，抑うつや不安といった，強いストレス反応につながることもあります。

このような認知は，「そんなことないよ」「気のせいだよ」と，他者から説得されても，なかなかうまく落ち着くことはできない場合が多いです。また，認知の存在自体に，日常生活では気づきにくくて扱いにくい，という問題もあります。そのため，認知をしっかりとアセスメントすることが，認知に影響を受けた対人関係上の問題解決には不可欠になります。

(3) 認知に焦点を当てたアセスメント

認知行動療法における「認知」とは，一定のものを指すわけではなく，出来事に対する対処可能性や信念，考え方などを指すことが一般的です[22]。ベックは，特に抑うつ問題を取り上げて，認知理論を提言しました（図Ⅱ-11）[23]。認知理論は，もともと抑うつに対する脆弱性を持つ人が，何らかのストレスを経験することによって，うつ病が発症するという「素因ストレスモデル」に基づいています。このモデルの特徴は，認知を，抑うつスキーマ，推論，自動思考の3つに分けて考えているという点です。ベックら[24]によれば，自動思考は抑うつスキーマの結果として形成される思考様式であるため，不安定な存在である一方で，抑うつスキーマは，心の深い部分にある要素で，安定していて変化しにくいという特徴をもつとされています。

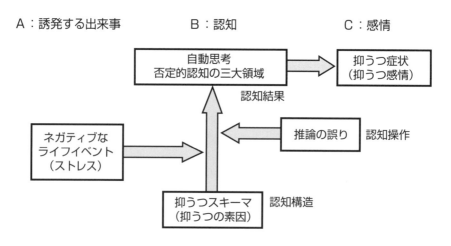

図Ⅱ-11 ベック[23]の抑うつの認知理論

このような「認知」の要素は，抽象的な概念であり，小中学生や言語的な理解の困難な対象には，扱いにくいものとして理解されてきました。それに対して，小関ら[25]は，図Ⅱ-12のようなワークシートを用いて，視覚的に確認することを可能にする手続きや，ロールプレイとして，短い劇を紹介し，表情から感情を察したり，認知をセリフとして言語化させて，抽出しやすくしたりする手続きを用いることで，小学5年生以上の児童にも，認知的なアプローチが有効であることを実証しています。

コラム **4**

不合理な信念

　認知的評価の問題を理解しようとするとき，論理療法でいわれる「不合理な信念」という概念を知っておくと便利です。

　世の中には「一人の友だちとケンカをしたら，世の中みんな敵だと思う」など，極端な理解の仕方を得意とする人がいます。このような極端な考え方が不合理な信念です。その中には「すべき思考」も含まれます。「いつだって周囲の期待に応えるいい子でいるべきだ」との考えは，教師には望ましい姿に思えるかもしれません。特に小学校低学年はこの「すべき」を獲得する時期であり，そのように振る舞える子どもは模範的な子どもに見えたりもします。それが高学年や中学生になると，適応を阻害するこだわりになってきます。「すべき」は自分に対して向くだけではなく，周囲にも向けられます。「世の中はいつも正しくあるべきだ」と思っていると「あの子がこれやっていない」「先生がこう言ったのに，今そうなっていない」という不満が大きくなり，その非難の姿勢が周囲との摩擦を生み，いじめられるという事態を招くことがあります。

　教師は小学校低学年で理想的な態度を子どもに植え付ける一方，現実の大人はそのような極端な生き方をしていないことをよく知っています。実は高学年や中学生になったときには，現実的なところで折り合いをつける，「そこそこ」という考え方を求めています。例えば，低学年の子どもには「人の悪口を言ってはならない」と教えながら，中学生には「人が悪口を言うことを理解してほしい」と思っています。多くの中学生は，誰からも教えられないのに現実の中で妥協を重ね，その事実を受け入れます。それは「適応」と呼ぶこともできるでしょう。しかし，不合理な信念が強い子どもにはそれが容易には受け入れられず，他者との軋轢（あつれき）が続くのです。これらの子どもたちは「人が傷つくようなことを言われるべきではない」ということも強く覚えていますので，他者とのコミュニケーションの中で類似した経験をすると，それをいじめだと捉えることも少なくありません。

　このようなときに教師に求められるのは，「いじめである」「いじめでない」と判断することではなく，彼らの適応を支援することです。残念なことに，不合理な信念は容易には軽減されません。支援の目標は，極端な考えをしなくなることではなく，そのように極端に考えてしまうことが自分の癖なのだと思えるようになることです。「いじめ」という言葉が，「不合理な信念」が強い子どもを発見するツールとして機能する場合があることも，知っておくとよいでしょう。

　児童に対しても，認知を積極的に扱うことが可能になると，特に曖昧な対人関係状況において，認知を整理することで，トラブルが拡大することを防いだり，適応的な行動を促進したりすることにつながると期待できます。例えば，図Ⅱ‐12で示されているように，「一緒に帰る約束をしていた友だちが来ない」という出来事を経験すると，一般に，「悲しい」や「落ち込み」，あるいは「怒り」の感情が喚起されやすくなります。したがって，その後の行動としては，「来なかった友だち

図Ⅱ-12　認知（考え方）に気づくためのワークシート [25)を改変]

を避ける・無視する」や，「来なかった友だちの悪口を他の友だちに言う」「来なかった友だちをたたく」などの攻撃行動が生起する可能性が高まります。

　それに対して，小関ら[25)]に基づくような関わりとしては，まずは「悲しい」や「怒り」などの感情を同定し，その感情が喚起されたときの認知（考え方）を整理します。「私のことを嫌いになった」「もうあの子と遊べない」などの認知を確認することができると，抽象的な概念である認知を具体的な文字として抽出するという，認知的なアプローチの最初の一歩が達成できたことになります。次に，「私のことを嫌いになった」「もうあの子と遊べない」という認知の事実確認を行います。具体的には，「なんで嫌いになったってわかったの？　約束に来なかったからだよね？　でもそれって，嫌いだから『かも』しれないし，そうじゃないから『かも』しれないよね。他の可能性って何かないかな？」「もうあの子と遊べないって『思った』のはあなただよね？　お友だちに『もう遊ばない』って言われたわけじゃないんでしょ？　お友だちがどう思っているか，確認する方法って何かないかな？」というような投げかけによって，曖昧な認知を解きほぐし，自分にとって楽な感情に結びつく認知に気づかせていきます。ここでは，無理に「望ましい（ように思える）認知」に誘導することは避けたほうがよく，今後も児童生徒自身が，認知に着目し，認知を振り返り，他の認知に気づくことができるようになるためには，児童生徒自身の手で整理していくことが効果的です。

(4) まとめ

　認知行動療法をうまく進めていくコツは，認知や行動に焦点を当てつつ，「どこを変えると，問題が解決しやすいか」「どこがアプローチしやすいポイントか」を理解することです。これまで整理してきたとおり，認知行動療法の特徴は，問題を，目に見える形で，対象児者や支援者間で具体的に共有し，複数の観点を挙げながらアセスメントを行うことにあります。これらの手続きによって，認知からアプローチしていくか，行動からアプローチしていくか，先行事象から操作するのか，本人に何らかの方略を身につけさせるのか，といった判断を行うことが可能になります。

　いじめの問題は特に，複数の人間が関与し，それぞれの認知や行動を整理しなければならないところに難しさがあります。しかしながら，事象の「決めつけ」や「解釈」に拠らないアセスメントを行うことが，結果的に，問題に対する対策と，早期対応時における適応支援の近道になりうるのです。

4. ストレスモデルによる理解

　いじめ問題を「ストレス」という用語で整理しようとするとき，「ストレスがたまっているからいじめをする」と一言で片づけられてしまうことも多いのですが，ストレッサーと「いじめをする」という行動との関係は，もっと丁寧に見る必要があります。また，ストレスの仕組みを検討しなければ，介入のヒントにはつながりません。まず，「ストレス」が4つの要点で捉えられることを整理し，その処理の失敗が「いじめる」という加害にも，場合によっては「いじめられる」という被害にもつながることを理解することにしましょう。

(1) ストレッサー

　子どもたちには毎日たくさんの課題がぶつかってきます。良い課題にせよ，悪い課題にせよ，乗り越えなくてはならないものにはかわりありません。この課題のことを「ストレッサー」と呼びます。大人にとってストレッサーはしばしば否定的なものですが，学校ではこのストレッサーを子どもたちに対して「目標」や「課題」という名前で与えています。子どもたちは昨日までにできるようになったことだけでは許されません。大人は昨日までに身につけた技術で今日の仕事をしたとしても上手くいくものです。しかし，子どもたちは昨日までにできるようになったことよりも，さらにもう少し難しいこと，もう少し高度なことを求められます。それを乗り越えて成長させることが「教育」の基本的な仕組みです。課題には宿題や役割など教師が意図的に与えるものだけではなく，友人関係や大人との関係など無意図的に生じるものも少なくありません。

　その意味では，友人から否定的な言葉を浴びせられることもストレッサーだと捉えることができます。そうしたストレッサーを上手に処理することができれば，日常よくある「人間関係のいざこざ」ですむのですが，処理できなかった場合，その子どもは「いじめられた」と感じるでしょう。つまり，いじめは事実が決めているのではなく，ストレッサーの処理の失敗によって生じると考えることができます。もちろん，人権を侵すような行動があった場合，それは大人の力で取り除かれるべきストレッサーであり，当人たちの処理の上手下手にかかわらず，いじめと見なされることになります。

(2) 対処行動

　人はストレッサーにさらされてもすぐにストレス反応を現すわけではありません。宿題を出された子どもは，それがたとえ難しかったとしても必死に頑張って完成させます。係や委員会の仕事が難しかったとしても工夫をして乗り越えます。このような意図的な工夫や頑張りは「対処行動」と呼ばれるものです。

　対処行動が成功すれば，ストレス反応は現れません。宿題などをやり遂げることで子どもは成長します。ストレッサーに直接働きかけ，問題を解決する工夫は「問題焦点型対処行動」といわれるものです。しかし，子どもは宿題を出されたからといって，いつでもすぐに解決するわけではありません。たくさんの宿題を出されて困った子どもがまず行うことは，「こんなにたくさん宿題を出すなんて，ひどい担任だ」という愚痴を友だちと語り合うことです。愚痴を言っても事態は解決しませんが，それでも気分が少し楽になり「仕方がないから帰ったら宿題をしよう」という考えに至ります。意図的な工夫にはこのような気分を変える「情動焦点型対処行動」といわれるものもあります。ここで大切なことは，問題の解決や状況を改善するものだけが対処行動ではないという点です。意図的な工夫のなかには，事態を悪化させるものも少なくありませんが，それらも同様に対処行動に含まれるのです。もうひとつ覚えておきたいのは，許されることと許されないことの境を子どもは知らないということです。大人は愚痴を言うことで情動焦点型対処行動をするときも，本人の前で話したりはしません。しかし，子どもはその境を理解していないために，教師に聞こえるところで「宿題が多すぎる」と愚痴をこぼしてしまいます。

　「悪口」は「いじめ」として扱われることが多いものですが，同じ悪口を大人は愚痴として信頼できる他者と分かち合っています。「いじめになる」「いじめにならない」は，悪口を言ったか否かによって決まるのではなく，それが本人に伝わるか否かによって決まるのです。本人に伝わればそれは失敗した対処行動であり，いじめなのです。

　学級の中に緊張関係がある場合，子どもは「いじめられないか」という不安を大きくします。このストレッサーに対し，問題焦点型対処行動として「いじめる側になればいじめられない」という意図的な工夫をすることもあります。この子どもの望みは「いじめをしたい」ではなく，「いじめられないという安全を得ること」なのです。誤ってはいますが，これも子どもなりの対処行動といえます。望みのもの（欲しかったもの）を社会で認められる形で得ることができないのが，この子どもの課題だと考えることができます。

(3) ストレッサーの認知的評価

　先ほど述べたように，人にぶつかってくる課題はストレッサーと呼ばれます。しかし，その衝撃は人によって異なる大きさに感じられます。友だちからいたずらをされたり，悪口を言われたりという出来事が大きく見える場合もあれば，些細な出来事に感じられることもあります。このようにストレッサーは人にぶつかってくるものではなく，人によってその大きさが評価されるものと考えることができます。例えば，友だちが自分の悪口を言っていることを知ったとき，「たいへんなことが起きた」と考えるのか，「自分も悪口くらい言うから，まぁいいか」と考えるのかが認知的評価です。また，友だちとケンカしたとき，「とんでもない事態になった」と考えるのか，「明日の朝，

ごめんって言えばいいや」と考えるのかも認知的評価です。前者は出来事の影響性に注目したときのもので，後者は出来事の解決の可能性に注目したときのものです。

　いじめは，出来事が決めるのではなく，出来事に対する理解の仕方によって決まるものです。その理解は誰にとっても同じではなく，認知的評価の上手下手によって決まるものだという点に注目しましょう。生じた課題を過少に評価するのではなく，過大に評価するのでもなく，適切な大きさで見ることができれば，事態の処理は楽になります。また，解決の見通しを持つことができれば，それは困りごとでもなくなります。被害者は守られる存在であると同時に，場合によっては認知的評価の問題に関する支援対象者と考える必要があります。

他責という処理 コラム5

　何かあったときに，「あいつが悪い」と考えることは，自分が悪いと思い込んでしまう自責に対して「他責」と呼ばれる，思考に現れるストレス反応です。自らの周囲に起きた出来事の原因を他者に求める反応であり，学校現場であれば「いじめられた」という訴えの形で表出することもあります。周囲の認識や状況から判断して，その事実があったとは考えにくいのに，当人は「いじめられた」と思い込んでいるというケースです。こうした他責思考はどこからくるのでしょうか。

　人はストレッサーにさらされたとき，これを処理しようと「対処行動」と呼ばれる工夫をしますが，これが成功すればストレス反応を生じさせることはありません。あるいは，ストレッサーを適切な大きさで評価することができれば，これを扱うことは容易になります。他責もストレス反応ですから，対処行動か認知的評価のいずれか，または両方に失敗があることがうかがえます。

　特に，容易には避けられないストレッサーにさらされた場合，自責や他責の反応を出しやすくなります。人は原因と結果が一組で提示されると，それが良いことであれ悪いことであれ，安心するものです。例えば，大規模自然災害に遭遇した場合，被災という悪い結果に対応するに相応しい原因を探しても，それは容易には見つかりません。このようなとき，釣り合いのとれる原因として，「自分が悪かった」あるいは「あの人が悪い」という思いが自らを落ち着かせます。学校生活の中で原因が容易には見つからないものとしては，試合に負けたことや受験の失敗などが挙げられます。これらは悪い結果に釣り合いのとれる明確な悪い原因を特定しにくい出来事です。先述したいじめの訴えの例は，こうした場面で他責の反応の形で現われたものと考えられます。このとき大切なのは「『あいつが悪い』と人のせいにするな」と教え込むことではなく，悪い結果というストレッサーに対して適切な対処行動をとることができなかったり，そのストレッサーが過大に見えてしまったりするという課題を抱えた支援対象者だと理解することです。他責的な言動を叱るのではなく，認知や行動の選択に係る介入が必要な子どもだと捉えて関わっていく必要があります。

（4）ストレス反応

　不慣れなストレッサーにさらされ，認知的評価が適切に機能せず，有効な対処行動がとれなかった場合，人はストレス反応を呈します。ストレス反応は「思考」「感情」「行動」「身体」の４つの側面で捉えると見逃しにくくなります。「思考」は集中できないことや自責の念などの形で現れ，「感情」は不安や焦りなどの形で現れます。態度や言動が乱暴になるのは「行動」に現れたストレス反応です。「身体」には食欲不振や腹痛，頭痛，睡眠障害などの形で現れます。

　ストレス反応は重篤なものばかりではありません。ここでは児童会や生徒会の委員会活動で委員長を務める子どもに現れたストレス反応をその例として説明します。委員長が一生懸命に話しているときに一部の子どもが騒いでいる――よく見られる学校の光景の中で，この委員長には「委員会活動でみんな全然協力してくれない」との思いが出てきます。一部だけが騒いで，他の多くは協力してくれているにもかかわらず，「みんな」「全然」とすべてを一括りにして否定する考えが湧いてきています。これが「思考」に現れる反応です。そんなとき，「感情」には怒りや焦りが出てきます。次に，「行動」として「ふざけんな，お前ら」と怒鳴り散らしてしまいます。「怒り」と「怒鳴ること」とは別もので，「感情」と「行動」を区別しておくことがここでの要点のひとつです。さて，怒鳴ったあとは気分が悪く，お弁当もおいしくありません。「身体」に現れるストレス反応としては，不眠や腹痛など重篤なものを連想することが多いのですが，実際にはもっと身近な反応です。味や匂いの変化などは日常的に起こる身体反応の代表例でしょう。ストレス反応はさらに続きます。子どもには「自分は委員長なのに」との思考が現れ，「不安」や「抑うつ」などの感情が生じ，行動面では「指示が出せない」「モタモタしてしまう」となり，いよいよ「眠れない」との身体症状に至ります。

　こんな委員長も，生徒会活動で怒鳴らないほうがいいことはよくわかっています。感情では「怒り」を感じていても，「怒鳴る」という行動を意図的に避けることはできます。しかし，その無理は行動面にゆがんだ形で現れるようになります。委員会活動が終わるまで耐えた後，友だちを集めて「あんな酷いやつら，後で痛い目に合わせようぜ。みんなで無視でもするか」となります。委員長も，いじめがいけないことはよく知っています。教師が叱っても，反応がさらにゆがんだ形で現れるだけで，指導としては有効ではありません。仮に委員長がいじめを意識し，「無視をする」という選択を回避することができた場合でも，今度は「学校を避ける」という反応を生じさせ，不登校に至ることもありえます。このように，意図しない中で反応として不適切な行動が現れることがあります。いじめもときに，こうした「意図しない反応」である場合もあるのです。

　ここで注意を向けたいのは，行動の形で現れた反応は，学校場面では往々にして「叱られる」という結果につながりがちである点です。委員会の顧問教師からは「委員長が怒鳴り散らしてどうするんだよ」と叱られます。「モタモタしてどうする」「逃げて学校休んでどうする」と叱られます。そして，「お前がいじめの中心か。信頼していたのにな。最低だな」とも叱られます。ストレス反応にもかかわらず，行動に出たときには教師は叱りたくなるものです。叱ることを否定しているわけではありません。子どもたちが「この反応の出し方はダメ」と知って工夫をしてくれることが成長ですから，どうぞ叱ってください。しかし，教師は「全然ダメと思ってどうする」「不安でどうする」「お腹痛くなってどうする」とは叱らないはずです。叱らない以前に，教師は行動の前後にそのよ

44

体罰というモデル

コラム 6

　教師は児童生徒に正しいことを教えます。児童生徒が簡単に納得できない場合は，教え込もうと努力します。教え込むべきことが固定化されている状況で児童生徒の納得に至らないとき，教師はたどり着くべき終着点を見失い，追い詰められます。例えば，校則違反をしている生徒に今この場で正すことを求めてもこれに応じないとき，教師は指導の選択肢を失い冷静さを損なうのです。体罰はこのような場面で起きます。

　自分は体罰とは無縁だと思い込んでいる教師も少なくないのですが，たとえ暴力に至らなくても威圧的な態度をとることで事態を打開しようとするのは，仕組みとしては体罰と同じです。このとき，注意しなければならないのは，教師の「正しいことを教えている」という確信が否定的に働いているという点です。そこには正しい者と悪い者という構造があります。正しい者は悪い者を威圧し罵倒し屈服させる，その構造が児童生徒には広くモデルとして機能し，彼らはこの教師の姿勢を模倣することになります。

　規範意識を教え込めば，いじめがなくなると思われがちですが，上の仕組みは規範意識の向上がむしろいじめを増やすことを示唆しています。いじめをしたとされる子どもたちの中には，例えば「相手がチームワークを乱したから注意した」と主張する者も少なくありません。熱心に取り組んでいる部活動や学校行事でしばしば見られる事態です。このとき，加害者とされる子どもは教師に倣って相手に正しいことを教えただけで，いじめをしたという認識はありません。

　教師が自らの信念を正しいと思い込むこと，伝わらないのは相手の非であり自らに非がないと思い込むこと，間違っている相手には徹底して教え込むことが大切だと思い込むこと，そして，冷静さを失わせた責任は相手にあると思い込むこと──そうした体罰や威圧的な指導の根底にある一方的な認識は，どれも子どもたちに対してはいじめを肯定するモデルとして機能していることを自覚しておいたほうがよさそうです。

うな反応があること自体に気づいていないでしょう。「行動」は修正の対象であり，「思考」「感情」「身体」は支援の対象です。無視をして痛い目に合わせる「行動」の前後に，「思考」「感情」「身体」に現れたストレス反応があることを，教師は理解しておきましょう。それが叱る以外の方策を見つけるための手がかりになります。

文　献

1) Skinner, B. F. (1974). *About behaviorism*. New York: Knopf.
2) Albert, P. A. & Troutman, A. C. (1999). *Applied behavior analysis for teachers: Fifth edition*. New Jersey: Prentice-Hall.
3) 小関俊祐・千葉晴菜・小関真実・大谷哲弘　(2016)．認知行動療法からみたいじめ予防に向けた展望．桜美

林論考 心理・教育学研究，7，1-13.

4) 加藤哲文・大石幸二 (2004)．特別支援教育を支える行動コンサルテーション：連携と協働を実現するためのシステムと技法．学苑社．

5) 野口和也・加藤哲文 (2004)．通常学級への支援 (2) 加藤哲文・大石幸二（編著）特別支援教育を支える行動コンサルテーション：連携と協働を実現するためのシステムと技法．学苑社，85-102.

6) Duland, V. M. & Crimmins, D. (1992). *Motivation assessment scale.* Topeka, KS: Monaco & Association.

7) 熊野宏昭 (2012)．新世代の認知行動療法．日本評論社．

8) 鈴木伸一・神村栄一 (2005)．実践家のための認知行動療法テクニックガイド：行動変容と認知変容のためのキーポイント．北大路書房．

9) Cartwright-Hatton, S., Roberts, C., Chitsabesan, P., Fothergill, C., & Harrington, R. (2004). Systematic review of the efficacy of cognitive behaviour therapies for childhood and adolescent anxiety disorders. *British Journal of Clinical Psychology*, 43, 421-436.

10) Hofmann, S. G., Asnaani, A., Vonk, J. J., Sawyer, A. T., & Fang, A. (2012). The efficacy of cognitive behavioral therapy: A review of meta-analyses. *Cognitive Therapy and Research*, 36, 427-440.

11) Hofmann, S. G. & Smith, A. J. (2008). Cognitive-behavioral therapy for adult anxiety disorders: A meta-analysis of randomized placebo-controlled trials. *Journal of Clinical Psychiatry*, 69, 621-632.

12) 厚生労働省 (2010)．うつ病の認知療法・認知行動療法治療者用マニュアル．

13) 法務省矯正局・保護局 (2005)．性犯罪者処遇プログラム研究会報告書．

14) 奥田健次 (2010)．初期の登校しぶりへの介入．児童心理，64 (18)，60-66.

15) 式部義信・井澤信三 (2009)．断続的な不登校状態を呈したアスペルガー障害児への行動支援の効果：本人および保護者へのアプローチにおける検討．行動療法研究，35，271-282.

16) 小関俊祐・小關真実 (2013)．特別支援が必要な児童の対人相互作用に着目した集団心理的介入の有効性．発達研究，27，19-30.

17) 松浦直己・岩坂英巳 (2009)．通常学級における認知行動療法の適用に向けて：事例検討と特別支援教育研究センターと地域連携の取り組み．奈良教育大学教育実践総合センター研究紀要，18，203-209.

18) 小関俊祐・高橋史・嶋田洋徳・佐々木和義・藤田継道 (2009)．学級アセスメントに基づく集団社会的スキル訓練の効果．行動療法研究，35，245-255.

19) 高橋史・小関俊祐 (2011)．日本の子どもを対象とした学級単位の社会的スキル訓練の効果：メタ分析による展望．行動療法研究，37，183-194.

20) 嶋田洋徳・五十川ちよみ (2012)．中高生を対象としたストレスマネジメント教育．臨床心理学，12，783-788.

21) 小関俊祐 (2015)．不適応行動を示す小学校3年生児童への行動コンサルテーションの適用．行動療法研究，41，67-77.

22) 坂野雄二 (1995)．認知行動療法．日本評論社．

23) Beck, A. T. (1967). *Depression: Clinical, experimental, and theoretical aspects.* New York: Hoeber.

24) Beck, A. T., Rush, A. J., Shaw, B. F., & Emery, G. (1979). *Cognitive therapy of depression.* New York: Guilford Press.

25) 小関俊祐・嶋田洋徳・佐々木和義 (2007)．小学5年生に対する認知行動的アプローチによる抑うつの低減効果の検討．行動療法研究，33，45-58.

Ⅲ章 いじめに対する予防的介入
認知行動療法をベースにしたアプローチ

1. 社会的スキル訓練による予防的介入

(1) 学習という視点の理解

　認知行動療法においては，不適応につながる学習の形態として，「未学習」「誤学習」「過学習（過剰学習）」を想定しています。認知行動療法においては，「学習」を，いわゆる「お勉強」という意味合いではなく，物事の「習得」という意味合いで用いています。

　未学習とは，「未だ対処方法を学習していない状態」を指します。友だちが面白そうな本を持っているのを見つけたときに，どのように対処すればよいのか「未だ学習していない」と，自分の期待する結果が得られず，その状態が長く続けば，自分の希望が叶えられない，すなわち，強化事態に触れることができないために，同様の状況を回避しようとするような行動を示すと考えられます（図Ⅲ-1）。成人の場合でも，新しい環境では，どのように振る舞えばよいかわからず，戸惑いを覚えることも少なくないでしょう。「どのように振る舞えばよいかわからない」状態が続いてしまえば，その環境に身を置くことを避け，さらに避ける状態が続けば，不適応につながってしまいます。

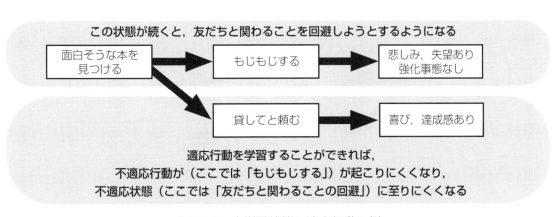

図Ⅲ-1　未学習状態と適応行動の例

誤学習とは，「誤った学習をしてしまった状態」を指します。友だちが面白そうな本を持っているのを見つけたときに，無理やりに本を引っ張って奪うと，本が読めるという「いいこと」，すなわち強化事態が随伴します。誤学習においては，短期的にはいいことが起こる（強化事態が随伴する）ので，強化され，維持されやすいという特徴があります。しかしながら，長期的には，周りの友だちから，「あいつは乱暴だ」「嫌い」というような否定的な評価を受けやすくなり，不適応状態につながります（図Ⅲ-2）。同様に，宿題の提出日に，「おなかが痛い」と言って休むと，短期的には宿題を提出することを回避することができるという強化事態が随伴しますが，長期的には，評価が下がったり，当該の授業内容の理解が遅れたりするような問題が生じます。

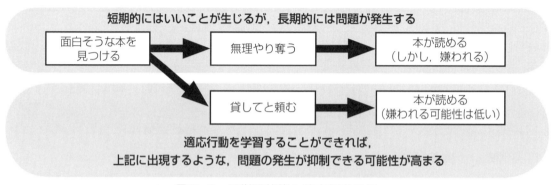

図Ⅲ-2　誤学習状態と適応行動の例

　過学習とは，「過剰に学習をしてしまった状態」を指します。周囲に気を配って行動することは適応行動ではありますが，過剰適応のように，周囲の環境や他人に対して自分の意見や行動を無理に合わせることで，心理的負荷が高まったり，自身で意思決定を行うことが困難になったりする可能性があります（図Ⅲ-3）。例えば，友だちが面白そうな本を持っているのを見つけたときに，「貸して」と言ってしまうと，友だちが嫌な気持ちになるのではないかと想像し，貸してと言うことを抑制することで，一時的に不安が低減するものの，本を読むという目的は達成できない状態が続いてしまいます。同様の例で，忘れ物をしないように持ち物を確認すること自体は適応行動であると考えられるのですが，忘れることに対する不安が過度になり，確認行動が増えることで，日常生活に支障が出てしまうと，不適応状態に陥っているといえるでしょう。

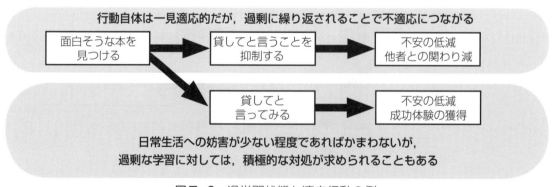

図Ⅲ-3　過学習状態と適応行動の例

このような不適応につながる学習形態のうち，特に未学習と誤学習に対する対応として効果的な手続きが，社会的スキル訓練（Social Skills Training: SST）です。

(2) 社会的スキル訓練とは

社会的スキルとは，「一定の状況下で，重要な社会的結果を予測するのに役立つ諸行動」と定義されており[1]，社会的スキルを伸ばすことで心理的健康や社会適応の増進や改善を目指す手続きが，社会的スキル訓練（SST）です。SSTの実施の形態としては，大きく個人を対象とした個別SSTと，学級集団などを対象とした集団SSTの2つに大別されます[2]。個別SSTでは，個人の抱える問題に焦点を当てたターゲットスキルを設定することによって，高い効果を得られることが期待されています。その一方で，集団SSTでは，対象となるすべての児童生徒が社会的スキルの学習機会を得ることができ，相互の行動上の変化に気づきやすく，日常場面の中で仲間同士での適切なスキルの実行に強化子を与えることが期待されています[3]。

学級集団を対象とした心理的介入の利点として，メレルとギンペル[4]は，①日常生活を共にしているという自然な環境の中で，習得したスキルが強化される機会が多く，定着化が期待できる，②さまざまなスキルの水準や対人関係上の地位の異なる子どもを一緒に学習させることで，相互作用を生み出しやすい状況が設定でき，結果として相互の受容が期待できる，③担任がスキル実行のきっかけや強化子を提示しやすく，定着化を促進しやすい，④特定の児童生徒を抽出する必要がない，⑤コストパフォーマンスが高く，学級全員を対象にすることで社会適応上の問題や行動上の問題を予防しやすい，という点を挙げています。加えて小関[5]は，集団の他の児童生徒から意見を取り入れ，集約することで，集団としての理解を促進しやすいという点や，長期的なフォローアップも実施しやすいという点を挙げています。すなわち，例えば行動や認知の多様性に気づく操作においても，一人で案出することには限界がありますが，多人数で実施することで，複数の選択肢が案出される可能性が高まります。このような個人の理解を集団の理解に還元する操作や，複数の選択肢を案出しやすくする操作は，通常の授業の中で頻繁に用いられており，学校現場においても受け入れられやすい背景のひとつとなっていると推察されます。

以上の視点をふまえて，学級集団を対象に，いじめ防止を目的としてSSTを行った事例について紹介したいと思います。

■事例1　小学2年生学級におけるSST「ドッヂボールがつまんない」■

【背景】

30名の児童が在籍する学級で，3名ほど，自分の欲求が通らないときに手が出る児童がおり，小さなケンカに発展してしまうことがあるのですが，いわゆるいじめのような状況は確認されていません。休み時間は，ドッヂボールなどをして，男女ともに仲良く遊んでいる様子が頻繁に観察されていますが，時折，一定の男子だけがボールを投げるため，女子が不満を訴える様子も確認されています。そこで，今後のいじめの予防を目的として，道徳の授業の中で，「相手に自分の要求を伝えるポイント」を整理するSSTを実施しました。

【問題行動リスト】

　①どのように相手に要求を伝えたらよいか，十分に理解していない未学習が想定される。②3名ほど，自分の欲求が通らないときに手が出るという，誤学習が想定される。

【介入の評価】

　①欲求を口頭で表現することができる。②ストレスを感じたときに，その場を離れたり，担任のところに来たりすることができる。

【介入の概要】

　SST は担任が主となり，隣のクラスの担任が補助として参加しました。まず，問題の場面として，教師2名がロールプレイを行いました。

　Ａ：Ｂちゃん，ドッヂボール楽しかったね。

　Ｂ：（うつむいて無言）

　Ａ：あれ～？　Ｂちゃん，楽しくなかったの？

　Ｂ：うん。私，ボールを1回も投げられなかったんだ。

　Ａ：そうだったんだ。

　Ｂ：もう，ドッヂボールするのやめようかな。

　ここまでの内容を提示し，児童にロールプレイの感想を求めると，「Ｂちゃんがかわいそう」などの意見が主でした。そこで，Ｂはどのように対応したらよいか，班ごとに考えさせ，意見を求めました。その結果，①ドッヂボールを実施している際に，「私まだボール投げてないから，投げさせて」などの発言をＢがすることや，②Ａが，「今度は私がＢちゃんにパスするから一緒にやろう」などとＢに伝えることで問題が解決するのではないか，という予測が出されました。最後にまとめとして，「がまんすることは大事だけど，がまんしすぎることは体や心によくないので，しっかりとみんなに思っていることや気持ちを伝えられるといいね」と伝え，まとめとしました。

【その後の展開】

　授業を経て，クラスの中でも，みんなで順番にボールを投げるための声掛けが生まれるようになりました。ドッヂボールに熱中すると，一部の男子が投げ続ける様子も認められましたが，お互いに声をかけあうことで，ケンカなどのトラブルに発展することがなくなりました。

【介入のポイント】

　対象が低学年であることを考慮し，登場人物を少なく，またロールプレイも短い内容とし，実際に児童が体験している場面を用いました。加えて，曖昧な要素を減らし，登場人物が，「嫌だった」などの感情を明確に伝える内容にしました。代替行動の検討の際は，ある程度，適応行動が獲得できており，自分の考えとして発言できる児童がいる一方で，一人では解決策が案出できない児童もいると予測し，班ごとに検討を促しました。結果として，個人の意見を集団の意見として集約することが可能となり，学級全体の対処方法獲得を促すことができました。

■事例2　小学5年生学級に対するSST「いじわるされたらどうしよう」■

【背景】

　小学5年生のある学級では，4人の児童の行動が問題に挙がっています。それは，周りの友だ

ちの注意をひくために，たたいたり物をとったりして，不適切な方法で関わりを持っていることです。担任が何度も個別に指導を行い，そのたびに「もうしない」と言うのですが，その日のうちに同様の問題が頻回に認められる状況です。さらに，周囲の児童の不満が膨らんで，非常にストレスフルな状態に陥ってしまいました。このような状態が続いているため，担任としては，誰に，どのように指導したらよいか，わからなくなってしまいました。

【問題行動リスト】

①問題を示す児童は，不適切な方法で他児の注目を得ている誤学習の状態であると想定される。②周囲の児童は，問題を示す児童の不適切な関わりに対する，適切な対処方法を身につけていない，未学習の状態であると想定される。③担任も，複数の立場である児童集団の整理ができず，対処方略を提示できない未学習の状態であると想定される。

【介入の評価】

まずは担任が，アプローチしやすいところ（関わりやすい，もしくは効果の得やすい児童）から働きかけるという視点を持つ。ここでは，担任にとって，たたく児童に対する指導の困難感が高いことから，周囲の児童が，たたかれるなどのちょっかいを出されたときの対処法を学習することをねらいとした。

【介入の概要】

SSTはスクールカウンセラー（SC）が主となり授業を実施しました。まず，「友だちと仲良くあそぼう!!」というテーマを提示し，ワークシート①（図Ⅲ-4）を配布しました。

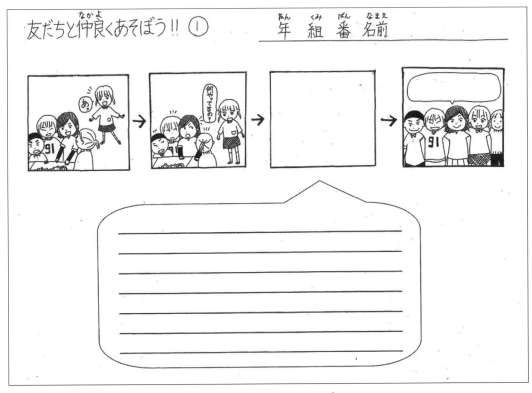

図Ⅲ-4　ワークシート①

SC：今日の授業では，「友だちと仲良くあそぼう!!」ということを目標に，みんなと勉強したいと思います。まず，ワークシートを見てみましょう。黒い髪の女の子を見つけられますか？今日の主人公は，その黒い髪の女の子です。男子も女子も，その黒い髪の女の子の気持ちになって考えてください。1コマ目，みなさんがすごろくで遊んでいたら，同じクラスのお友だちが，「あっ」と，みなさんに気づいたようですね。2コマ目で，「何やってるの？」と聞いています。そして3コマ目に何かが起こって，4コマ目，仲良さそうですよね。吹き出しには，「みんな仲良し」と書きましょう。さて，3コマ目で何が起こったか，絵や，セリフを書いてもいいので，考えてみましょう。

このような展開により，おおよそ，「すごろくしてるんだよ。一緒にやる？」というような声掛けによって仲間へ誘うことができるという回答が，児童から確認することができると思います。これを踏まえて，ワークシート②（図Ⅲ-5）を提示します。

SC：ワークシート②を見てみましょう。最初はワークシート①と一緒ですね。2コマ目，お友だちが急にみなさんに「どーん」とぶつかってきました。そんなことをされたらびっくりするし，嫌ですよね。でも，3コマ目に何かが起こると，4コマ目はさっきと同じになります。この4コマ目の吹き出しにも，「みんな仲良し」と書いてください。さあ，ワークシート②も，ゴールは「みんな仲良し」です。どんなことが3コマ目で起こると，「みんな仲良し」になれるでしょうか。

図Ⅲ-5　ワークシート②

このような流れにより，最初は「仲良くなれないよー」というような反応が多かった児童も，「どうしたの？　一緒に遊びたいなら，どーんしないで，『入れて』って言ってよ」や，「何だよ，ちゃんと謝ってくれたら一緒にやろう」などの声掛けを案出することができていました。

最後に，「お友だちに急にぶつかっていったり，いたずらしたりすると，みんなから嫌われるので，いい方法ではないですね。でも，相手を嫌ってばかりいると，『みんな仲良し』には到達しません。すぐ怒ったり，やり返したりしないで少し考えると，今日の授業のように，『みんな仲良し』の方法が見つかるかもしれませんね」と伝えて，まとめとしました。

【その後の展開】

たたいたり物をとったりする行動は，最初のうちは依然として認められていましたが，周囲の児童があまり過剰に反応せずに，落ち着いて「やめて」といったり，「何だよ。一緒にやる？」と仲間に誘ったりすることができるようになり，次第にたたくなどの問題行動が減っていきました。あわせて，個別の指導のなかで，他児から注目を得る方法として，授業中に発言することや，係の活動を頑張ることを提示することで，次第にたたくなどの行動によって注目を得ようとすることが減っていきました。

【介入のポイント】

通常であれば，たたく児童が介入の対象になることが多くなりますが，指導の入りにくさと即効性を考えて，本事例では周囲の児童へのアプローチを優先させることとしています。周囲の児童が，適切な対処の方法を身につけることで，①問題が大きくなりすぎないように，②ストレスの度合いが低くなるように，配慮を行いました。あわせて，たたく児童には，長期的な個別支援を行う方針を立てました。

このように，問題行動を示す中心となる者（本事例では，たたく児童）を取り巻く人々や，その他の資源（学校のルール，教室内の席の位置，地域の雰囲気など）を総称して，認知行動療法では「環境」と表現しています。環境の変化を促すと，結果的に問題行動が起きにくくなったり，適応行動が起きやすくなったりすると考えられます。環境へのアプローチの利点は，問題行動を示す者の理解度にかかわらず実施できたり，問題行動を示す者に直接的に何かをやらせたり提供するわけではないので，本人や保護者などの同意を必要としなかったりするという点が挙げられます。一方，欠点としては，問題行動を示す者の成長には直結しにくい，というところがあるでしょうか。問題の重篤度や緊急度，有効性を考慮して，環境へのアプローチと本人へのアプローチを使い分けることが実際的であると考えられます。

また，本事例におけるたたく児童は4人とも男児でした。そこで，その男児が介入のターゲットであることを明示するのを避けるために，あえてワークシートは女児を中心としたものを使用しました。これによって，4人の男児が，授業内で学級全体から問題視され，攻撃されているというような感情を抱きにくくするような配慮を行っています。

(3) まとめ

2つの事例のいずれも，誰が困っているのかを第一に考えて，問題を整理しました。また，問題行動がどのような機能を持っているのか，問題に至っている学習形態は未学習が予測されるのか，

誤学習が予測されるのか，検討を行いつつ，SST の手続きを選択しています。

　事例で紹介した SST も含め，実際には 1 回の授業で大きな効果が得られるということは少なく，授業の内容を日常生活で実践できるよう，サポートすることが必要です。その中心は当然，担任を主とした教師になりますので，SST がどのような意図をもって実施されるのか，何をゴールとしているのか，あらかじめ教師間で共有しておくことも重要なポイントとなります。

　また，SST の効果を高めるためには，「よくない行動をしない」という視点よりも，「よい行動をする」という視点で実施していくほうが，児童生徒をほめる機会を増やすことにもつながり，効果が維持しやすくなると期待されます。

2. 認知再構成法による予防的介入

（1）認知再構成法とは

　認知再構成法（認知的再体制化）とは，ベックら[6]によって提唱された，認知療法に基づく介入技法です。Ⅱ章で紹介した，「認知」を積極的に扱う技法で，ストレスを喚起するような出来事に直面した際に，「勝手に」浮かんでくる，ストレスを増幅させてしまうような思考に対して，ストレスを減らしたり，自分の気持ちを楽にしたりするような思考に気づく（認知の多様性に気づく）ことで，実際にストレスが低減したり，適応的な行動を選択できたりするようになることを支援していきます。小学 5 年生を対象とした小関ら[7]では一定の効果がある一方で，3・4 年生を対象とした小関ら[8]では，認知という抽象的な概念を扱うことは困難であった，という結果が出ていました。このような手続きは，もともと成人のうつ病の患者などを対象として有効であったものを，児童生徒に対しても効果が得られるよう，手続きを簡略化したり，認知を具体的に扱うためにワークシートを用いたりすることで，対象の年齢を拡げてきました。これらは，中高生に対しても有効であると期待できます。

■事例 3　高校 2 年生学級を対象とした認知再構成法「認知が変わると感情・行動が変わる！」■

【背景】

　高校 2 年生になると，高校生活にも慣れ，友人関係なども安定している一方で，例えば，友だちからメールの返事が来ないなど，些細なことで不安を訴える生徒が認められていました。そこで，特に曖昧な事象に対して，勝手によくない方向に考えてしまい，ストレスを増幅させ，結果的に問題につながったり，問題が大きくなったりすることを防ぐために，認知再構成法の手続きに基づく授業を実施することとしました。

【問題行動リスト】

　曖昧な事象に対して，否定的に捉えたり，ストレスが大きくなるような考え方をしたりしてしまう。

【介入の評価】

　各生徒が，曖昧な状況に対するストレスを感じたときに，自分の認知に気づき，さらにストレスを減らすような認知を考えることができる。

【介入の概要】

まず，認知の存在について，例を挙げて紹介したあと，次のように授業を展開しました。

教師：人は，何か出来事を経験すると，それに反応して感情や行動が生まれてきます。例えば，ほめられるという経験をすると，うれしいという感情が生まれ，親しい友人などに，ほめられたことを報告したりするでしょう。そのとき，出来事から直接的に感情や行動が生まれるのではなく，出来事と感情の間には「認知」という要素が隠されています。認知は頭の中に潜んでいて，例えば，ほめられたときに「自分の頑張りが認められた」という認知が浮かべば，うれしい感情が生まれてきますが，「私にはこの程度しかできないと思ってバカにしている」という認知が浮かんでしまうと，怒りや感情が浮かんできます。このように，出来事は共通していても，認知が変わると感情や行動が変わってきます。

ワークシート③（図Ⅲ‐6）を見てみましょう。出来事として，「友だちにメールしたのに，1日経っても返事がこない」という経験をしました。そのとき，みなさんは最初に，「私のことが嫌いなんだ」という認知が浮かんで，「悲しい」という感情が生まれてきました。また少しすると，「わざと無視している！」という認知が浮かび，「怒り」の感情が生まれてきました。さて，このままだと，友だちに話しかけるのを躊躇したり，ケンカに発展したりしてしまうかもしれません。しかし，出来事自体は変えることができませんから，どのような認知を浮かべることができれば，楽な感情につながるか，考えてみましょう。例えば，「忙しくてメール見ていないのかな」や「待っていたら返事が来るかも」という認知に気づけると，少し楽な感情につながりますね。では，同じように「いつも仲の良かった友だちが，最近違う友だちと仲良くしている」「部活の先輩に，『もっと頑張ってもらわないと困る』と言われた」という例でも，考えてみましょう。

最後に，今日紹介した，「認知」に気づき，自分が楽になる認知を浮かべる方法を，毎日の生活のどのようなときに役立てることができるか，考えてみましょう。あまりストレス

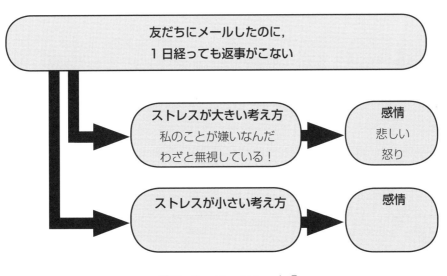

図Ⅲ-6　ワークシート③

の大きな場面で考えるのではなく，ほんの少しストレスを感じる場面で考えてみましょう。今日の授業では，認知が変わると感情や行動が変わることを学びました。明らかに目に見えて問題が発生しているときというよりも，曖昧な状況なのに頭の中でストレスを大きくしてしまっているときに，特に有効になります。今日学んだことを，ぜひ，日常に活かしてみましょう。

【その後の展開】

担任や養護教諭は，生徒から相談を受けた際は，対処方法を教えるのではなく，どのような認知が浮かび，自分が楽になる認知が考えられないか，促すような対応をとることを心がけました。その結果，同様のストレス場面に直面した際に，相手に対して落ち着いて意図を聞いたり，焦らずに時間をかけて対応したりすることができるようになりました。

【介入のポイント】

認知を扱おうとすると，「そんなの考えすぎだよ」とか「こんなふうに考えてごらん」と，自分の考えを伝えてしまいがちになりますが，他者から言われた認知はなかなか浸透しにくく，効果も低いことが多いです。本事例のように，一つひとつ事実と認知，感情，行動を解きほぐしながら，自分で楽になる認知に気づけるよう促すことが重要になります。また，一度の介入ではなかなか定着しにくいので，日常の支援の場面でも認知に着目した声掛けを行うと，効果が高まるでしょう。

3. 問題解決訓練による予防的介入

(1) 問題解決訓練とは

問題解決訓練は，ネズ[9]によって提唱された認知行動療法の技法のひとつです。問題解決訓練の手続きは，大きく5つのステップによって構成されています。

第一のステップは，「問題をポジティブに捉える」ことです。当然ながら，諦めてしまっては問題は解決できませんので，「ベストではなくても，まずはチャレンジしてみよう」「少しは改善できるはず」と考えて，最初の一歩を踏み出すことを重視しています。

第二のステップは，「問題の整理」です。何が問題なのかを理解することが，解決の糸口になります。ときには，機能的アセスメントのような方法が必要になることもありますし，いつ，どこで，誰が，何に困っているかを整理することで，問題解決のヒントにつながることも少なくありません。

第三のステップは，「解決策の案出」です。問題に対する解決方法をできるだけたくさん案出することが，問題解決訓練の有効性のカギです。未学習が想定される小学校低学年などや，成人の場合でも新奇な場面での問題に対しては，解決策をたくさん案出することが困難であることが多く，あまり問題解決訓練は適しません。解決策が案出できないような場合には，SSTや認知再構成法などを選択することが優先されるでしょう。

第四のステップは，「解決策の評価」です。評価の視点は，対象に応じてさまざまに設定することができますが，少なくとも，その方法が有効かどうかという「効果の評価」と，実際に実行できるかどうかという「実行可能性の評価」の視点は不可欠です。この両者を兼ねそろえた方略が，実際に選択するべき解決策になります。

第五のステップは，「実行と再評価」です。第四のステップで選択した解決策を，実際に実行に移し，期待どおりの効果が得られたかどうか，評価を行います。有効だった場合にはその方法を継続して実行し，有効でなかった，あるいは効果が低かった場合は第三および第四のステップに戻って，再度，解決策の案出と評価を行います。

　このような手続きは，いじめの問題以外にもさまざまな場面で活用され，企業の会議においても，同様の手続きが用いられているようです。問題解決訓練の手続きを習得することで，他のさまざまな問題にも対処することができるということは，利点のひとつとして挙げられるでしょう。

■事例4　中学1年生学級を対象とした問題解決訓練「自分にあったイライラへの対処法を知ろう」■

【背景】

　中学校に進学後の5月，新たな友人関係における戸惑いや学習内容の変化，部活動での先輩との付き合いなどから，心理的な負荷を感じていることが推測される生徒が少なくなく，意味もなく友だちをたたいてみたり，からかったりと，些細なトラブルが散見されていました。今後，運動会や文化祭，試験など，さまざまな行事を控えるなか，心理的ストレスと適切に付き合うことは重要な課題になると，担任は考えました。そこで，問題解決訓練を使って，各生徒が自分の普段のストレス対処の方法に気づき，適切な対処方略を選択できることを目的とした授業を実施することとしました。

【問題行動リスト】

　①心理的ストレスを感じた際に，友だちをからかうなど，不適切な方法で対処している生徒が認められ，誤学習の状態であると考えられる。②中学生という対象を考えると，心理的ストレスへの対処法をまったく知らないとは考えにくいため，必要なのは適切な方法に気づくための整理の手続きであると考えられる。

【介入の評価】

　各生徒が自分の普段のストレス対処の方法に気づき，適切な対処方略を選択できること。授業後は，ストレスへの対処が行えているか，定期的に確認を行った。

【介入の概要】

　まず，ストレスについて正しく理解するために，心理教育を実施しました。ストレスといっても，実はいろいろな種類があり，イライラや怒り，不安や心配，気分の落ち込み，無気力などをまとめてストレスと呼んでいることや，ストレスにはよい面もあり，ストレスがあるから頑張ろうとしたり，いつも以上の実力が発揮できたりすることもあることなどを紹介しました。ただし，ストレスが強すぎると，実力の半分も出せなかったり，イライラして周りの人とトラブルになったり，家から出たくなくなったりすることもあるので，ストレスは「減らす」だけではなく，「上手に付き合う」ことが大事であるとまとめました。

　次に，ストレスへの対処の仕方はさまざまあり，ストレスの原因をなくそうとする「問題焦点型」の対処と，気持ちを楽にしようとする「情動焦点型」の対処に大別できることを紹介しました。また，自分にあった方法を複数持っていることが重要であり，できれば問題焦点型の対処と情動焦点型の対処の両方を持っていることが，心の安定につながりやすいことを紹介しました。

そこから，自分に合ったストレス対処の方法を探ることを目的として，問題解決訓練を実施することとしました。問題解決訓練の方法には，「解決方法の案出」と「解決方法の評価」の２つの手続きがあることを説明し，両方を一度に行うと失敗しやすいので，まずは解決方法の案出を行い，そのあとに解決方法の評価を行うことを説明しました。

　まず，解決方法の案出を行うために，ワークシート④（図Ⅲ‐7）を提示しました。

イライラしたときどうするか？

アイデア	効果					合計
相手を殴る	7/10	3/5	0/5	3/5	− 10/− 10	3/25
忘れるまで待つ	4/10	1/5	1/5	3/5	− 1/− 10	8/25
やり返す	6/10	4/5	2/5	1/5	− 2/− 10	11/25
泣く	5/10	3/5	2/5	3/5	− 5/− 10	8/25
友だちにグチる	9/10	4/5	5/5	5/5	− 1/− 10	22/25
先生に相談する	7/10	4/5	5/5	5/5	0/− 10	21/25

図Ⅲ-7　ワークシート④

教師：一番上に書いてあるのは今日のテーマです。書いてあるとおり，「イライラしたときどうするか？」ということについて，イライラの対処法を考えましょう。このワークシートは必ず縦に見ていきます。まず，右側にある，「アイデア」の下に６つの欄がありますから，イライラしたときにどうするといいか，６つ考えてみましょう。その際，そのアイデアが有効か，ということを考えるのは後回しにします。思いついたものから挙げていきましょう。次に，評価に移ります。隣の「効果」の欄を見てみましょう。この効果の部分には，イライラが治まるかどうか，10点満点で評価していきましょう。イライラが治まる可能性が高いものは10点に近く，あまりイライラが治まらなさそうなものは０点に近くなります。効果の評価が終わったら，ワークシート⑤（図Ⅲ‐8）を見てください。

ここに挙げられている４つの視点は，解決策の評価のポイントを整理したものです。自分にとっていい方法か，周りの人にとってもいい方法か，本当に実行可能か，そして周りの人を悲しませるような方法になっていないか，をそれぞれ確認していきます。ワークシート④の欄に，縦に評価していきましょう。

最後に，合計の欄には，それぞれの評価を足したり引いたりして点数を出します。この結果，点数が高いものから１〜２つが，あなたにとっておすすめの解決方法になります。

終わったら，周りの人と見せ合ってみましょう。おそらく，少し違う方法が選ばれていると思いますし，同じ方法を選んでいても点数は少し違うはずです。人によって自分に合っ

うれしばくん
みんな〜！ 楽しんでる〜？
自分がうれしくなるような
アイデアをたくさん考えてね！

自分がうれしくなるようなアイデアには
プラス5点がつきます！

よろこばせ王子
きみたち！ そのアイデアはみんなが
喜ぶようなアイデアなんだろうな？
ちゃんと確認してくれたまえ！

周りの人も喜ぶようなアイデアには
プラス5点がつきます！

できるかにゃん
あれあれ，そのアイデア，
ちゃんと実行できるのかにゃ〜？
ちゃんとできるか，考えてにゃん♪

しっかりと実行可能なアイデアには
プラス5点がつきます！

かなしませ大将
そんなことしても大丈夫か〜？
先生や親，友だちを悲しませる
アイデアはダメだぞ〜！

周りの人を悲しませるようなアイデアには
マイナス10点がつきます！

図Ⅲ-8 ワークシート⑤

た方法が違うので，点数や選んだ解決策も変わってきます。
今日紹介した問題解決訓練は，不安への対処法や部活でのトラブルへの対処法，勉強方法の整理など，さまざまな場面で活用可能です。どうしていいかわからなくなったら，まずは解決方法をたくさん考えてみて，そのあと4つのポイントに沿って評価をして，自分に合った方法を探す習慣を身につけてみましょう。

【その後の展開】

　ストレスへの対処法を整理したことによって，普段の生活の中でも落ち着きが出てきたように感じられました。また，テスト前などは，問題解決訓練を使って勉強方法を整理する様子も見受けられました。問題解決訓練の利点は，同じ手続きでさまざまな問題の解決法の整理に活用できるところのようです。

　また，ストレスの対処法について，クラスで話し合うことによって，自分が身につけていないストレスの対処法を知ったり，他の友人の得意な対処法などを理解したりするきっかけにもなったようです。

【介入のポイント】

　すでにある程度，方略を身につけている中学生に対しては，何かを教えるというようなSSTなどの手続きではなく，自分が持っている資源を生かすようなアプローチを選択しました。また，評価の4つのポイントを理解できると，衝動的に物事を判断するのではなく，落ち着いて対応方法を考えるということも可能になると期待されます。解決策の案出を促すためには，自由に発言する雰囲気を作るために，「イライラしたら海外旅行に行く！」などのように実現性の低いものをあえて例に出すことや，「友だちにグチる」を「〇〇さんにグチる」「△△くんに相談する」「××さんにアドバイスをもらう」のように細分化することを勧めるのも有効です。生徒が，日常ではあまり意識せずに選択している対処方略に気づくことができるようになることが，対処の有効性を高めるポイントになるでしょう。

4. 介入手続きの選択にあたって

　本章では，「学習」という視点に立ちながら，認知行動療法に基づく介入例について紹介しました。なぜその介入を実施したのか，なぜ，その介入が効果的であると予想できるのか，といった根拠として，Ⅱ章で取り上げた「機能的アセスメント」という観点が重要になってきます。介入の前提として，Ⅱ章で示したとおり，いじめという多義的な，複数の行動の総称体である概念に対し，個々の立場，個々の行動に分けつつ，それぞれの機能についてアセスメントを行うことによって，いじめの状態像の客観的理解を行うことが求められるわけです。その際，注意すべき点は，介入手続きを型にはめて設定するのではなく，アセスメントの手続きを型にはめて，機能的アセスメントを行う一方で，介入手続きの選択は，児童生徒の理解度や緊急度，教師の関係性や自己効力感，保護者との関係や地域の状況などとの相互作用を考慮しつつ，自由に選択することが重要であるということです。本章で示した介入手続きは，あくまで機能的アセスメントの結果に基づく選択肢のひとつであり，実際には，目の前の児童生徒の状態を，それぞれ機能的アセスメントによって理解することが必要になるでしょう。

　介入手続きを選択する際には，機能的アセスメントの結果に加え，図Ⅲ‐1〜8に示したような複数の選択肢の中から，どのアプローチが効果的で実施しやすいのかを考えることが重要です。おそらく，担任，部活の顧問，養護教諭，校長などのそれぞれの立場によってアプローチしやすい手続きは異なるはずです。実際に，どのような要素に誰が働きかけるかを，それぞれの立場に応じて

分担する「機能的役割分担」も，考慮すべき視点となります。加えて，実際に働きかける際には，いわゆる「問題の本質」や「根本」に対するアプローチよりも，即効性を重視し，表面的であれ，行動の変容からアプローチすることが，いじめのような問題への関わりには重視されるでしょう。

　即効性の観点からは，短期的には問題行動の消去に高い優先順位が付きますが，長期的には適応行動の獲得に力を入れる必要があり，むしろこちらのほうが，児童生徒の「適応」を目標に据えたときには重視されるべきです。表面的な，一時的な問題行動の消失で支援が終結してしまうと，問題行動が生起しやすい類似の状況に陥った際に，おそらく再び問題行動が生起してしまうでしょう。そのような問題を避けるためにも，積極的に適応行動の獲得と促進を目的としたアプローチを行うことが重要です。

　どのような指導を行ったとしても，一度にいじめの問題はなくならないかもしれません。しかしながら，最初からいじめの問題を抱えている児童生徒はおらず，さまざまなストレス反応の一環として，いじめとして行動化しているという理解の仕方も可能です。そうした場合，児童生徒に関わる立場であれば，まずは目の前の学級集団，児童生徒集団内での，いじめの防止を目指した働きかけを蓄積し，その集大成の結果として，いじめの問題の排除につながっていくと期待できます。一つひとつの介入手続きは，あくまで「種まき」に過ぎず，残念ながら介入手続き自体が絶大な効果を持つものではないかもしれません。しかし，そのまかれた種に対し，日常生活の中で介入内容を思い出させたり，介入内容に基づいた指導を教師が行ったりすることで「水やり」になり，その成果を児童生徒が実感することが「肥料」になると考えられます。これらがそろって，はじめて効果として結実するのです。いじめの問題の排除が結実することを強く願っています。

文　献

1) Gresham, F. M. (1986). Conceptual issues in the assessment of social competence in children. In P. Strain, M. Guralnick, & H. Walker (Eds.) *Children's social behavior: Development, assessment, and modification.* New York: Academic Press. pp. 143-179.

2) 小関俊祐・小関真実・林萌恵　(2016).　特別支援学級児童に対する個別 SST と交流学級児童に対する集団 SST の組み合わせが学級適応促進に及ぼす効果．ストレスマネジメント研究，12，87-96.

3) 藤枝静暁・相川充　(2001). 小学校における学級単位の社会的スキル訓練の効果に関する実験的検討．教育心理学研究，49，371-381.

4) Merrell, K. & Gimpel, G.（1998）. *Social skills of children and adolescents: Conceptualization, assessment, treatment.* Mahwah, NJ: Lawrence Erlbaum Associates.

5) 小関俊祐　(2017).　子どもを対象とした学級集団への認知行動療法の実践と課題．*Journal of Health Psychology Research*，特集号，jhpr.160816048

6) Beck, A. T., Rush, A. J., Shaw, B. F., & Emery, G. (1979). *Cognitive therapy of depression.* New York: Guilford Press.

7) 小関俊祐・嶋田洋徳・佐々木和義　(2007).　小学 5 年生に対する認知行動的アプローチによる抑うつの低減効果の検討．行動療法研究，33，45-58.

8) 小関俊祐・高橋史・嶋田洋徳・佐々木和義・藤田継道　(2008).　小学 3 年生を対象とした認知的心理教育の授業効果：抑うつ症状と自動思考に及ぼす影響．発達心理臨床研究，14，9-16.

9) Nezu, A. M. (1989). *Problem-solving therapy for depression: Theory, research, and clinical guidelines.* Indianapolis: Wiley.

コラム 7 予防的介入のステージモデル

1. 集団の状態像を理解する

II章で紹介したとおり，「いじめ」という状態像は多岐にわたるために，「行動」で理解する必要があります。さらに，複数の立場の者が関わっているために，さまざまな立場の行動に対する機能的アセスメントを行い，それに基づく対応を遂行することによって，いわゆる「いじめ」状態への介入が可能になります。しかしながら，「いじめ」とされるこれらの問題は，問題が起こった事後の対応だけでは不十分であり，それよりもむしろ，積極的に予防的措置を講じることが求められます。予防は，問題が発生していない状態に対する予防的介入（一次予防），問題の発生するリスクの高い状態に対する予防的介入（二次予防），過去に問題が発生し，再発を予防するための介入（三次予防），現在問題が発生している状態への介入（危機介入）の4つに分けて理解されています（下図参照）。

2. 一次予防

一次予防では，いじめの問題やストレス反応についての心理教育を行うことも，正しい情報を正しく理解するという観点で重要となります。例えば，社会的スキル訓練（Social Skills Training: SST）を実施することによって，集団内の対人関係を良好にすることや，対人関係上の問題を解決する方法を事前に習得しておくことは有効であると考えられます。一次予防では，学校場面で

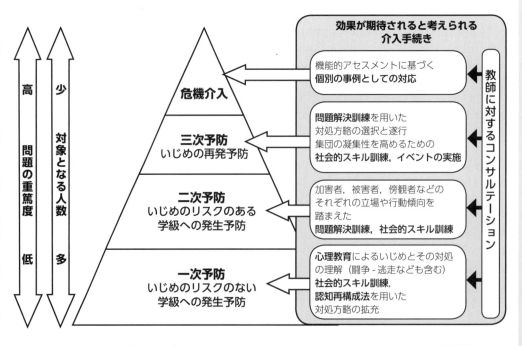

図 ステージモデルに基づくいじめの状態像と現時点で効果が期待できる介入例 [1] を改変

は学級集団や学年集団など，比較的大規模に実践され，また多くの児童生徒を対象としたプログラム形式の実践が主となります。このような手続きを学級運営に組み込んでいく制度体制を整えることも，重要な視点となります。このような方略は，いじめの問題に限らず，将来的に直面しうる，さまざまなストレス喚起事象への対処方略としても活用可能であるため，特に一次予防の観点からのアプローチは，いじめに限定した対応とせず，広い意味でストレスマネジメントと捉えることも有効であると考えられます。

3．二次予防

二次予防では，ある程度まで問題のリスクが高まっていることを踏まえると，加害者，被害者，傍観者の立場に合わせた介入が有効であると考えられます。例えば，スミスとシャープ[2]のいじめ防止のプログラムでは，加害者にも被害者にも傍観者にもならないためには，いじめの状況を適切に解釈し，適切な対応方法を考え，選択し，実行する必要があることを指摘しています。このような視点は，児童生徒だけではなく，教師などの児童生徒を取り巻く立場の者にも求められます。

4．三次予防

三次予防では，これまでの考え方に基づき，再発予防の手続きを選択することが重要になります。いわゆる心理的な介入だけに限らず，例えばレクリエーションなどのイベントを実施することで，集団凝集性を高める操作，すなわち仲良くなるための工夫を凝らすことも重要になるでしょう。加えて，三次予防の段階では，加害者，被害者，傍観者というこれまでの関与形態にこだわることには注意が必要です。事例として，当初の加害者や傍観者が被害者になったり，被害者や傍観者が加害者になったりすることも複数報告されており，以前の関与形態を想定しつつも，集団全体としてアプローチしなおすような視点が求められます。

5．危機介入

すでにいじめが発生してしまった場合は，予防ではなく危機介入と位置づけられます。II章に示したとおり，いじめの問題をしっかりとアセスメントすることが大前提ですが，できる限り迅速な対応が求められるため，例えば担任など一人で対応するよりも，学年の担当教員，管理職，養護教諭，スクールカウンセラーなど，複数の者が協働して問題解決に取り組む必要があります。もちろん，保護者や外部機関との連携も必要になるでしょう。事実を的確に把握し，共有するためにも，抽象的な表現ではなく，「行動」に準拠したアセスメントが重要になります。

文　献
1) 小関俊祐・千葉晴菜・小関真実・大谷哲弘（2016）．認知行動療法からみたいじめ予防に向けた展望．桜美林論考　心理・教育学研究，7，1-13.
2) Smith, P. K. & Sharp, S. (Eds.) (1994). *School bullying: Insights and perspectives.* New Yok: Routledge.

IV章 いじめの発見

1. いじめを早期発見するための校内体制づくり

(1) 行為と苦痛の両面からの情報収集

　「いじめ」は発見できません。行為は発見でき，苦痛は聴き取ることができます。行為と苦痛の両面から情報を収集して，学校はそれを「いじめ」と認識（判断）するのです。行為に対し，いじめか否かを判断した結果，当該の行為を「いじめ」と呼ぶのです。

　例えば，重大事態に際して，マスコミから「いじめがあったのか」という質問がなされた場合，正しくは「学校は行為に関する情報をつかんでいて，それをいじめと判断しているか」と聞かれていると理解することが正しいでしょう。判断するのは，担任でも行為を報告した人でもない，ということも重要な点です。これまで一連の複雑な行為を便宜的に「いじめの発見」と呼んできましたし，本章でも以下「いじめの発見」という用語を用います。この言葉に慣れすぎると，いじめの取り扱いの腕が下がります。便宜上，「いじめの発見」という言い方をすることはありますが，実際には「行為」を発見し，「苦痛」を聴き取ることにより，その両面からの情報を総合して，学校として「いじめと判断（認識）する」ものだと常に言い聞かせてください。

　苦痛には，目に見える行為と違って，それが見えないという特徴があります。いじめそのものが判断の言葉であると同様に，苦痛も判断の言葉であるからです。その意味で苦痛を発見したり，苦痛を子どもから直接聴き取ることは，困難な場合も多いようです。子どもはこの程度のことを苦痛と呼んでよいのか，判断に困っています。教師が「いじめがあったら言いなさい」と言うのが有効に働かないのと同様に，「苦痛を感じたら言いなさい」という言葉も有効に働きません。そこで，判断のない言葉で訴えることを促す必要が出てきます。例えば，「人間関係で，腹が立つこと，悔しいこと，悲しいことがあったら教えてください」のように，感情を表す言葉が有効です。否定的な感情を表現することが苦手な子どももいますから，そのようなときは「人間関係で戸惑ったことがあったら教えてください」などの言葉が有効です。

　いじめの被害者は支援対象者です。「いじめられています」と子どもに言わせることは，それは

64

「私は支援対象者です」と言わせているのと同じです。子どもに自らが支援対象者であるかどうかの判断を迫っていることになります。しかし，立腹や孤立感など感情のレベルでの訴えを聴き取るときには，その判断はありません。子どもの負担を軽くして苦痛に関する情報を集めるのがここでの要点です。中学校で多く採られている「生活記録ノート」という方法でも，同様の工夫が可能です。いじめを見逃した学校で，生活記録ノートを複数の教師で読み込むという対策が採られた例がありますが，そこに「いじめ」という言葉を期待しているのであれば，その方法は有効ではありません。戸惑いや悔しさの記述に注目することが教師間で理解されていて，その情報をいじめ対策委員会に上げていくという工夫が必要です。

(2) 発見のための体制作り

ア．いじめの判断は組織が行う

個々の行為がいじめに当たるか否かの判断は，管理職のリーダーシップのもとに組織的になされることになります。いじめは発見するものではなく，行為に関する情報を収集して，委員会が判断して，校長が決するものです。

各学校のいじめ対応の中には，担任がいじめと思って対応しても，学年長がいじめと思っていないということがしばしばあります。学校でそろっていじめと認識していても，この認識をいつしたのかが曖昧で，学校の対応が適切に行われていたかどうかを保護者に説明できないこともしばしばあります。

前年度，前々年度のいじめについて，教師側の記憶が薄れるにつれて，異動して着任した教師には，学校としてどのような対応をすればよいかわからないという事例にも出合います。これには，いじめの判断を委員会がしていないことや，その判断を委員会として会議録に起こしていないこと，この会議録を校長が決裁していないことなどの理由が考えられます。いじめ問題はある意味，権利関係です。成績の認定や卒業の認定をするように，組織として起案決裁が行われなければならないのです。

イ．何がいじめなのか，全教職員で明確にする（人権侵害と支援対象者の発見）

いじめの有無の判断には，人権侵害のある行為を見つけるつもりで行うものと支援対象者を見つけるつもりで行うものとがあります。この区別がないまま行われると，情報のレベルが錯綜して，いじめ対応を難しいものにします。

①　人権侵害のある行為を見つけるつもりで行うもの

学校は人間関係づくりを練習する場です。子どもたちが失敗しながら，適応的な人間関係を学びます。しかし，この学びの途上にあったとしても，人権侵害のある行為は止めなければいけません。迷いなく，今すぐここで止めさせるべき逸脱行為が何であるのか，教師らは共通理解をしなければなりません。たとえ，子どもが苦痛や被害を訴えなくても許されない行為がこれにあたります。学校として「これはいじめと呼ぶ」という基準を明確にする必要があります。

②　支援対象者を見つけるつもりで行うもの

子どもたちの個々の行為がいじめに当たるか否かを判断する際には，いじめられた子どもの立場

に立つことが必要だとされています。具体的には事実としての行為があり，これを苦痛と感じていればいじめだと判断することになりますが，苦痛を感じているか否かは周囲には明確にはわかりません。また，具体的な行為には，上述の人権侵害のある行為のように明確な悪質さが見られないものも多く含まれます。暴力のないいじめもこれにあたることが多いようです。このときの要点は情報収集となります。ここには，子ども同士で解決できる／したトラブルや，教師が支援を行って解決できる／したトラブルも含まれます。

　行為・出来事がいじめであるかどうかの判断にあたって，教師が陥りやすい下記のような間違った観点があります。

　　・優位な力関係を乱用しようとしたものかどうか
　　・自分を利するために他を害したものであるかどうか
　　・故意によるものか偶然によるものか
　　・悪意をもってなされたものかどうか
　　・差別的な心情や支配的な意識があったかどうか

　これらのポイントから，相手側に悪意等が読み取れなかった場合，いじめではないと教師は判断しがちです。しかし，人権侵害のいじめに関して，悪意の有無がその基準になるわけではありません。支援対象者を発見する目的であっても同様に，相手側の悪意や責任の有無を判断基準にすべきではありません。いじめであるか否かを決めるのは，意図にかかわらず，行為の有無と苦痛であるからです。

ウ．組織は事案発生前に起動させる

　いじめの有無にかかわらず，未然防止の取組の評価のためにも，各校に設置された「いじめ防止等の対策のための組織」が機能するよう，定期的な会議の開催を年間計画に位置づけます。会議は，何かあってから開くものではなく，何もなくても開くことが重要です。この組織では，いじめの未然防止，早期発見，適切な対応のすべてについて総合的かつ適切に対応する実効的な仕組み作りが求められており，指導・援助に係る情報の蓄積を行います。しかし，現実には組織を立ち上げないまま年度が進行してしまい，いじめの発生が認知されたときには対応が後手になるという学校も少なくありません。このような事態を防ぐためには，いじめ問題の重要性に鑑み，「いじめ防止等の対策のための組織」の会議を年度初日に開催することを定例化しておくことも一案です。

エ．児童生徒の気になる情報の一元化をはかる

　最初は情報が曖昧で，いじめであるという明確さはありません。例えば，「最近，職員室のまわりをウロウロしている」など，「何か変だな」という程度の情報として入ってきます。保護者や地域から入ってくる情報も同様です。したがって，日常の中で情報に触れたら必ず担任へ伝えます。この小さな情報が効果的に集約されるためには，日常の教師間および地域等とのコミュニケーションが重要となります。

オ．誰からどのような情報が入ってくるかを確認する

教職員からはウロウロしているなどの本人の行動が情報となり，保護者からは苦痛に係る情報を収集しやすく，地域からは登下校中の行為に関する情報が収集されるなど，各情報源による情報の特徴を理解しておくことも必要です。そして，これらすべての面で有益な情報源になるのが，周囲にいる児童生徒であることを理解しておきたいものです。

校外からの情報を集めるためには，校内の人的資源を活用します。例えば，生徒指導担当は警察から，保健主事や養護教諭は校医から，PTA担当は保護者から，部活動顧問は外部コーチから，それぞれ情報を収集できると考えられます。これらを確認することは，小さな情報を意識することにもつながります。それぞれの情報は，いじめが心配される以前であれば担任に，すでにケースとして取り上げられている状況であればコーディネーター役の教員に報告されます。

カ．担任は，「何かおかしい」と思ったら，学年主任等に報告する

担任は，いじめが疑われる情報を得た場合，すぐ学年主任等に報告します。このことは校内研修会等で共通理解を図っておく必要があります。担任が一人の判断で見逃したり，抱え込んだりすることがないようにします。定期的な会議を待っていたのでは事態が深刻化することもありますので，日常の報告を心がけます。関係者が「いじめではない」と否定したり，あるいは，行為をされている側がにこやかに対応していたとしても，それは情報を集めなくてよい根拠にはなりません。

重大事態が発生したとき，しばしば担任が情報を抱え込んでいたという指摘がなされますが，それは担任の責任ではなく，管理職や組織上の問題です。管理職と委員会が教職員に対して，報告の基準を示すことが必要です。最もよくないのは，「いじめがあったら報告してください」という指示の出し方です。それは情報を集める言葉ではなく，担任や他の教師にいじめか否か，報告するかしないかのどちらの判断も，個人の自由に任せてしまっているのと同義だからです。

担任の報告を受けた学年主任は，学年会での話し合いに基づき，生徒指導主事・管理職に報告しますが，緊急性が高い場合は至急の対応が必要です。緊急性の判断についても，その担当者が行うのではなく，あらかじめ基準を示し，管理職が指示していなければなりません。そのうえで，報告された素材を基に，個々の行為がいじめに当たるか否かの判断は，管理職のリーダーシップのもと，いじめ防止等の対策のための委員会などで組織的になされることになります。

キ．得られた情報は記録をする

事態が正確に捉えられ，また，支援を有効に行うためには，得られた情報が適切に記録されることが必要です。その際，次の①～③に注意します。
① 誰が記録を取るのかを決める（例えば，コーディネーター役の教師）
② 記録をとるときには，主観的理解と客観的事実を区別する（p.93参照）
③ 誰からの情報か，それは見たものか，聞いたものか，さらに伝聞なのか区別する

記載例：○月○日（△），A君に着衣の汚れがあり，いじめによるものではないかという心配が母親から担任教師に語られた。翌日，担任教師がA君から聴き取りを行ったところ，B君と遊んでいたときに汚れたものであることまでの情報が得られた。これについて，同

日中に委員会に報告された。

ク．情報を蓄積する

蓄積された情報の共有化を図る工夫をしましょう。児童生徒の変化（教職員が「あれ？」と思ったこと）に関する情報について，すべての教職員が円滑に情報を共有することができるよう，情報のフォルダや児童生徒用のシートを作成するのもその一例です。ここに，主観的理解と客観的事実が混在すると，その使い勝手は極端に悪くなります。アンケート調査の結果も記入しておきます。いじめの訴えや苦痛の有無など明確なことに加えて，人間関係において「腹が立った」「戸惑った」などの否定的な感情も，事態を総合的に判断して対応するときの有益な情報になります。そして，支援の際（例えば，家庭訪問，指導，新しい取組に挑戦するときなど）に，見直して活用します。

ケ．児童生徒・保護者からの情報受付窓口を設置し，周知する

児童生徒・保護者にとって，いじめについての情報はなかなか言い出しにくいものです。アンケートや面談の時期にかかわらず，いじめについて学校に訴えたいときもあるでしょう。そのため，いつでも情報を受け付ける窓口を学校として設置し，児童生徒・保護者に知らせておくことが必要です。

スクールカウンセラーが，いじめの訴えの窓口となることもあります。しかし，スクールカウンセラーをいじめ相談の窓口と考えてしまうと，せっかくの情報も活かしきれないことにもなってしまいます。スクールカウンセラーは，児童生徒の人間関係への戸惑い，不満，怒り，悲しみに関する情報を持っています。これらは苦痛を訴える前の児童生徒の率直な感情です。児童生徒に，いじめや苦痛を「訴える」という覚悟を決めさせるのは，負担が大きすぎます。その覚悟がなかったと

スクールカウンセラー活用の留意点　　コラム **8**

多くの人たちは，カウンセラーに「優しくて，いつもニコニコしていて，何でも話せる心の専門家」というイメージを持つようです。いじめ問題に関しても，スクールカウンセラーの関与が発見の有力な手掛かりにつながることが期待されています。

しかし，実際のカウンセラーは行動療法や力動論などを背景に，人の考え方や行動のあり方を分析し，少しだけクライエントから距離を置いて冷静に介入手段を選択する心と行動の専門家です。そして，クライエントが選択するテーマや表現に対応するためにポジティブでもネガティブでもない中間的な態度から面接を開始するものです。人は初対面の相手に何でも話せるわけではありません。それは，カウンセラーに対しても同じです。実際，子どもが一番話しやすいのはカウンセラー（スクールカウンセラー）ではなく，誰より毎日そばで支え指導をしてくれる担任教師なのです。どうやら世間はスクールカウンセラーに誤ったイメージと期待をもっているようです。

いじめ問題について，スクールカウンセラーには，話しやすく優しい相談相手というイメージとは異なる役割を期待できそうです。いじめ問題を応用行動分析と認知行動療法で捉えることが

できるカウンセラーは，加害者と呼ばれる子どもがなぜ社会的に許されない行動を繰り返すのか，その原因やきっかけを鮮明に分析してくれます。いじめ問題をストレスモデルで捉えるカウンセラーは，被害者と呼ばれる子どもがなぜ周囲には些細なことと受け止められることを苦痛として訴えるのか，被害者の理解の枠組みを使って説明してくれます。スクールカウンセラーには発見の窓口よりも，適切な対応，未然防止に関する役割をとってもらうほうがよいのかもしれません。

　「組織的な対応」というとき，学校ではしばしば全員が同じ問題意識を持ち，同じ行動をとることだと理解されてしまいますが，これは誤りです。異なる職種や異なる立場のスタッフが多様な視点で問題を捉え，それぞれが得意とする役割を果たすことが組織的な対応であり，それぞれの働きを組織化することが連携の姿です。教師は教育が得意ですが，スクールカウンセラーは人の心と行動のつまずきを理解し，対応することが得意です。また，スクールカウンセラーは，子どもの人間関係への戸惑い，不満，怒り，悲しみを整理し，子ども自身がこれを扱えるように支援することも得意です。

　もうひとつの留意点として，スクールカウンセラーから得た情報が，早期発見や発見直後の被害者のケアで役立ったとしても，同じ内容をいじめの事実の認定に用いることはできないことを知っておく必要があります。それは，司法面接の概念で理解することができます。司法面接とは，例えば，虐待を受けた子どもから被害事実を正確に聴き取る際に用いられる面接手法です。子どもは大人の反応に敏感です。ときには大人に同調し，場合によってはおもねることもあります。被害を語る中で客観的な事実よりも，事が大きく表現されることは珍しいことではありません。優しく話を聴いてくれる大人の機嫌を損ねないように事実でないことに頷き，その頷きに整合するストーリーを創作します。そして，いったん語られたことは事実として子どもの記憶に上書きされてしまいます。しかし，司法の場ではこれは大きな問題となります。事実として虐待があった場合でも，子どもの証言の中に事実でないことが含まれていた場合，審理の過程でその虚構から検察の主張が維持できない事態を招くことになるからです。警察も検察もこのような事態を避けるために，子どもから聴取する際には司法面接という概念を念頭に置くことになります。例えば，「事実でないことはいつでも違うって言ってね」という教示をします。これに重ねて「今日は雨が降っているね」と晴れた日に語りかけ，子どもがそれを否定したときには「上手に言ってくれたね」と支持し，肯定してしまった場合には教示を繰り返し，「遠慮しないで言ってね」と促します。そこには，「本当」「わからない」「知らない」「間違い」「その場にいない」について誤りなく聴き取る技術があります。また，聴き取りにあたって子どもの負担をできるだけ軽くするという配慮があります。これが司法面接です。そして，この客観的な事実を正確に聴き取る役割を果たす人物とケアを行う人物は別であることが重要な原則となります。ケアをしてくれる大人の言葉を否定することは容易ではないからです。また，そのケアを得るために，子どもは虚構を語るからです。

　これをいじめ問題への対応に当てはめるなら，スクールカウンセラーが早期発見の窓口役となる場合，ケアを行いにくくなると理解することもできます。スクールカウンセラーの得意な，例えば認知行動療法などを背景とした介入を期待するのであれば，事実を聴き取る役割は別の人が担うほうがよいでしょう。

しても，感情に関する情報を組織的に活用することで，いじめの早期発見につながることがあります。そのために，管理職や委員会はスクールカウンセラーに対して，「いじめの訴えの窓口」を任せるのではなく，子どもたちの戸惑いに関する情報を提供するよう指示しなければなりません。

コ．いじめの判断のための委員会と支援のためのケース会議を開催する

① 発見に終わらない取組

管理職と委員会は，収集された情報を基に，いじめにあたるか否かの判断をすることになります。いじめとの判断があってもなくても大切なのは，「加害者」「被害者」のどちらに対しても支援を行うことです。委員会では，いじめの未然防止，早期発見，適切な対応に取り組みますが，ここでの作業は早期発見，適切な対応となります。つまり，いじめを発見し，認定しただけでは仕事は終わりません。対象となった子どもたちは，いじめの「加害者」「被害者」と認定されたのではなく，人間関係に戸惑う子どもたち，すなわち「支援対象者」と認定されたと考える必要があります。たとえ，いじめではないと判断された場合でも彼らが「支援対象者」でなくなるわけではありません。そもそも，委員会で名前の挙がった子どもは，何らかの支援が必要だと考えられます。

② 支援のためのケース会議

行為を制止しなければならない事例では，必ずケース会議を継続的に開きます。いじめは，制止したら解決ではなく，いじめた側の児童生徒が，いじめに替えて適切な行動を選択するように支援することが必要です。また，いじめられた側の児童生徒について，心的ケアをすることはもちろんですが，その後の良好な人間関係を保てるようなスキルを獲得させるためにも，このケース会議が活用されます。

ケース会議で，コーディネーター役の教師を決め，今後の対応を組織化します。それはその後の介入や援助の進捗状況がコーディネーター役の教師に集まる仕組みを作ることでもあります。

校長が中長期的な視点でも解決したと判断するまで，ケース会議を継続します。このケース会議の目標は，いじめを解消することにとどまらず，「加害者」「被害者」双方の成長にあると考えることが必要です。また，このような支援の取組をしていると，ときには，いじめの「加害者」「被害者」を問わず，虐待や体罰など不適切な養育や教育を受けている児童生徒を発見することもあります。その意味でも，いじめかもしれないとう視点は支援を要する子どもを見逃さない点で重要です。「いじめを発見する」という姿勢だけでは，視野が狭くなり，支援を要する子どもを見逃してしまうかもしれません。

2. いじめを早期発見するための方法

(1) いじめを発見するための心構え

ここでは，「いじめ発見のために細心の注意を払いましょう」という漠然とした話をしたいわけではありません。心に留めていただきたいのは，いじめられている子の行動や考え方，あるいは，働きかけへの反応の特徴を理解することで，いじめを捉える観点を持つことが重要だということです。

	コラム **9**

「指示できない症候群」の管理職

　指示待ち症候群——部下である経験の浅い教師を評して「最近の先生方は指示をしないと動けない」という言葉を校長など学校の管理職から聞くことがあります。組織の中で上下はあっても，人間関係である以上，評価は双方向に生じると考えるべきで，指示がなければ動けないことを指摘する校長は，経験の浅い教師からは「最近の校長先生は適切な指示ができない」と言われていることでしょう。確かに，指示をしないと動けないという表現をするとき，管理職側には期待どおりに動いてくれないとの思いがあるのでしょう。さらに指示をしなくても期待どおりに動いてほしいという無謀な願いがそこにはあります。動いてほしければ，何を任せたのか，担当者が判断してよい範囲はどこまでか，いつまでに完了するのか，進捗状況をどのレベルで，どのタイミングで報告するのかを指示しなければなりません。管理職の中には「そのくらいのことは自分で判断しろ」と思いたい向きもありそうですが，たとえ，そうだとしても自分の頭の中ではこれらの項目が整理されていなければなりません。この整理なしに部下である教師に仕事を託しているとしたら，それは「指示できない症候群」と呼ばれても仕方がないでしょう。

　いじめ問題に対応するとき，この整理は極めて重要になります。「報告・連絡・相談」とお題目のように語るのは管理職の仕事ではありません。担任教師にどの範囲でどのような事柄の判断や対応を任せたのか，その進捗をどのように管理しているのか，を示さないままでの「報告・連絡・相談」のお題目は，何の役にも立たないばかりでなく，いじめが発生した際にはその責任を担任教師に押し付ける形になります。いじめの重大事態における報告書でしばしば見られる「担任教師が抱え込んだ」という表現は，担任が動かなかったのではなく，管理職が「指示を出すことができなかった」のだと読み取る必要がありそうです。

　子どもは適切な，つまり，社会的に認められる対処方法を知らないために，嫌なことがあったときに，例えば，嫌いな隣の席の人から机をそっと離すことで報われようとするのです。誤った対処行動で利益を得させてしまうと，子どもはますます対応を誤り続けることになります。ますます対処は下手になり，ますます行動は不適切になり，社会的な不適応を重篤化させることになります。その意味で，早期発見というのは，いじめを見つけて被害者を守ろうとするだけでなく，不適切な対処行動をとる加害者に対する早期支援でもあるのです。

(2) 発見の大前提

ア．変化に注目する

　「あれ？　いつもと違うな」「なんだか変だ」という教職員の感覚は，とても大切です。しかし，観点や要点を持たずに発見しようと努力しても成果はなかなか上がりません。変化を捉えるには，例えば，「今までは授業中に手を挙げていたのに挙げなくなる」「教師に対して乱暴な態度を取るよ

うになる」のように，場面や反応様式などの注目すべき観点を持つことが大切です。

イ．情報は小さい

　実際には，「いじめられている」という明確な情報が得られることのほうが少ないでしょう。例えば，被害者側の援助要請は，連日，職員室のまわりをウロウロするなど，ためらいがち遠慮がちな行動として見られる場合があります。

　いじめる側も当然，教師にわかるように痕跡を残すわけではありません。攻撃的な態度のようなわかりやすいものばかりではないでしょう。例えば，宿題を写している場面に出会ったときには，不真面目な勉強態度だけではなく，嫌がる被害者のノートを強制的に奪っている可能性を疑う必要があります。情報は小さく，うっかりすると見落としがちです。とはいえ，四六時中いじめを疑っていても疲弊するばかりで成果につながりません。いじめを発見するための学校生活や学校場面ごとの観点を知っていると，情報を見つけやすくなります。

ウ．働きかけて査定する

　情報はあまりにも小さいので，待っているだけでは入ってこない可能性があります。観察しようとしても，子どもたちはいじめ以外の情報もたくさん出しており，その中でいじめを発見するのは難しいことです。わずかでもいじめの気配を察知したときは，教師の側から，授業中に指名したり，グループに仕事を任せたり，これらに関して問いかけたり，という働きかけをすることで反応を促し，確認することが必要です。いじめを否認する場合，ただ観察するだけでは新たな情報は得られませんが，これらの働きかけをして，ムキになったり，不自然な態度が見られるようであれば，教師は合理的にいじめを認知することができます。

（3）観察による発見

　いじめの発見というと観察によると思われがちですが，いじめは外形的な基準が決まっているものではなく，行為をされた側の内的な苦痛によるものですから，その発見の主要な方法は上述のとおり，関係者との会話や面談となります。それでもいじめは常に隠ぺいを伴うものですから，教師には観察による発見が責務となります。また，その観察が関係者との面談に生かされることになります。

　日常で必要となるのは，例えば，机の上に落書きがないか，ロッカーの戸が壊されていないか，下駄箱の上履きが別のところに移動していないか等の観察です。観察の質を上げるためには，いじめを捉える観点を持つことが大切です。例えば，「暴力がないから，いじめではない」と考えていては，多くのいじめを見逃すことになります。教師を対象とした研修会では，「小さなサインを見逃さない」と指導されることが多いものですが，何がそのサインかを知らなければ，努力の糸口さえ見つからないことになります。以下に挙げる観点で，いじめ発見の感度を上げましょう。ここでの観点は「いじめの種類」と呼ぶこともできますし，いじめを見逃さないための「小さなサイン」と呼ぶことができます。観察の対象は普通，加害者および被害者です。それぞれの子どもの何を観察するのか，その要点について考えてみましょう[1]。

ア．加害者側の観点

　加害者側を観察する観点は，いじめの種類を分類することと同じになります。いじめというと，相手に対し攻撃することだと思われがちですが，外見的には具体的な攻撃が見られない加害も少なくありません。これらを見逃さないためにその観点（種類）を網羅することにしましょう。

① 能動的攻撃（攻撃する）

　いじめの本質は本来，攻撃ではなく，人権の侵害や尊厳を脅かすことです。しかし，一般には攻撃だと理解されているので，能動的攻撃はいじめの代表的な種類だと思われています。これは相手に対し，働きかけのある攻撃をすることです。例えば，暴力による「たたく・蹴る」，言葉による「からかい・暴言を浴びせる」などが挙げられます。それは学校生活の中では，体育の時間に特定の子どもに対して激しいプレイの接触やパスが集中するなどの形で現れます。さらに，特定の子どもの掲示物や写真にいたずらをされるなど，子ども本人に対してではなく，間接的な形で現れることもあります。冷やかしについては，授業中に誤った発言をしたときに皮肉や笑いが繰り返し起こることに加えて，正しい答えをしたときでさえ，どよめきが起きるという奇異な反応として現れたりします。

② 使役（強制する）

　当事者の意志を無視して，あるいは意志に反して行為を強制することは，人権侵害です。いじめの場面では，命令があるときもそれが明確でなく，習慣や力関係の中で暗黙のうちに強制されることもあります。これは，命令があってもなくても，何かをさせていたり，押し付けていたりする行動です。例えば，「他者に荷物を持たせている」「嫌なこと・恥ずかしいことをさせる」などが挙げられます。それは学校生活の中では，授業中に決められた座席と異なる場所に座っていたり，授業の脈絡と無関係な発言をしたりするという，一見，当該児童生徒がふざけているように思われる行動として現れることもあります。突然，髪型が変わった場合には，本人の意志でない可能性に注意を向けることが必要です。給食の場面で早食い競争をしている場合にも，それは「させられている行為」かもしれないという視点で点検する必要があるでしょう。

③ 忌避（避ける）

　忌避は，対象をあえて避けようとする（離れようとする）行動です。自覚がある（わざと行う）場合と，自覚がない（わざとではない）場合があります。前者は相手に直接働きかけのある攻撃をすることはなく，相手をどうにかしようとして行っているわけではありません。これらは，本人がいないところでも見られます。「周囲が距離を取る」「避ける」などが挙げられます。それは学校生活の中では，本来，ぴったりくっついているはずの机の間に 1 〜 2cm というわずかな隙間があるなどの形で現れたり，身体接触があったときに大騒ぎになったり，掃除のときに特定の子どもの机が移動されずに取り残されるという形で現れたりします。

　忌避について，人権侵害の観点からは，働きかけのある能動的攻撃や使役よりも，苦痛の度合いが高いという指摘もあります。

④ 受動的攻撃（居場所を奪う）

　人の尊厳を奪い，人権を侵すものであるという点では，居場所を奪う受動的攻撃は，最も人を傷つける種類のいじめだともいえます。これは，あえて対象に働きかけることをしない攻撃で，直接

的に対象に向かうことなく，精神的苦痛を与えるために行うものです。例えば，「あいさつや発表をしても反応がない」「無視をする」「しらけた雰囲気を出す」などが挙げられます。それは学校生活の中では，特定の子どもが日程や持ち物の変更を知らないという形で現れることがあったり，このような状況の教室では授業中に子どもの間で，手紙が回される，あるいはアイコンタクトがあるなどの形で現れたりします。

イ．被害側の観点

被害者を見つけ出す観点は，苦痛の把握に依存します。苦痛は当人には処理が難しいことに対する心的反応ですから，その意味でストレス反応と捉えることができます。また，ストレス反応を呈する児童生徒は，選択できる対処行動が乏しかったり，適切に選択できないことが多いことから，教師から注意される行動が多くなるという視点から捉えることもできます。

「加害者側の観点」の①～④の結果，被害者に見られる反応や行動がこれにあたります。ストレス反応は，思考，感情，行動，身体に現れます。この観点を使って，児童生徒を観察すると，いじめを含めた困難に直面している子どもを発見することができます。思考に現れる反応は，「ぜんぜん」「みんな」などの言葉を使ってすべてを否定的に理解することが特徴です。感情は，悲しみや孤独などですが，これらを背景に行動化したとき，「おどおど」などの様子で捉えることができます。身体に現れる反応としては，「夜眠れない」「お腹が痛い」などが代表的ではありますが，「食欲がない」「おいしいと感じない」など，給食の時間に発見できる反応もあります。人はストレスを感じたときに，それを解決するために，対処の工夫をします。例えば，理由がはっきりしない早い登校も，いじめられていることに対する本人なりの工夫であり，発見の手立てのひとつです。不自然な行動は，失敗している対処行動かもしれません。いじめられている側が，しゅんとなっているイメージもありますが，許される場所では，いじめというストレッサーを処理できずに，教師に対して攻撃的になったり，社会的に許されない行動をとったりすることも少なくありません。被害者のストレス反応はいじめ発見の有益な手がかりとなります。

ウ．いじめの可能性のある具体例

いじめを見逃さないためには，場面ごとの特徴的な出来事やそれを捉える観点を教師が知っておくことが必要です。場面については，学校生活における①登校・朝の学級活動，②授業時間，③給食，④休み時間，⑤帰りの学級活動・放課後，⑥清掃，⑦部活動・クラブ活動などに分けて把握するとよいでしょう。また，学校生活上の観点については，①周囲との関係，②身体・服装・様子，③持ち物・金銭，④言葉，⑤教師との関係，⑥SNSなどに分けて把握するとよいでしょう。

例えば，その子どもにできそうもない役割が割り振られるなどの事態は，授業や学活の場面で堂々と行われる，特徴的な問題です。また，ちょっと聞いただけでは意味がわからない隠語を多用しているなどは，言葉に現れる特徴的な問題です。子どもたちが隠そうとするいじめを発見するためには，次のような小さな工夫の積み重ねが必要です。

① 机をきちんと並べた後，しばらく教室を留守にして戻ったときに，隣同士の間が少し空いているところがないかを点検する

② 授業後，教室を出てしばらくしてから戻り，休み時間の人間関係を点検する

(4) アンケートによる発見

ア．アンケート作成のポイント

　ここでいうアンケートは，教師自身にとっては，まだ自分が気づけていないことについて知ろうとする試みであり，子どもに対しては，まだ教師に話せていないことを語らせようとする試みのことで，事実を追及しようとする重大事態のアンケートとは異なるものです。

　アンケートは要支援者を発見して守るためだけにするものではありません。支援を要する子どもの自我機能を高めたり，いじめというストレッサーに対して適切な認知的評価を行う能力を高めたり，適切な対処行動としての援助要請行動の力を高めたりするねらいもあるのです。それは「守る」ではなく「育てる」取組です。

イ．質問項目の検討

　毎年，全教員で，生徒指導の方針や児童生徒の状況等に応じて，意図をもって質問項目を検討することが重要です。そうすることで，アンケートの回答を，その意図に沿って読み解くことができます。どんなによいアンケート用紙も，その意図を理解しないまま実施したのでは，子どもたちの声を聴き取ることができません。完成度の高い良質なアンケートが要支援者を発見するのではありません。回答を読み解く側の注意力が要支援者を発見するのです。

　アンケートですべての事実を聴き取ろうとすることは禁物です。対面でいじめのことを聞く場合も，大人が「いじめられているか」と聞いても，子どもは「いじめられています」とは答えません。いじめられていたとしても，「あ，いいえ」と曖昧に答えます。アンケートで問うレベルは，この「あ，いいえ」が聞ければ十分です。曖昧に答えること自体が重要な情報だからです。それより詳しいことは，当該児童生徒との面談相談で聴き取れればよいという姿勢が大切です。アンケートの目的は，面談相談の対象を選び出すことまでと心得たほうがよさそうです。

ウ．記名式と無記名式

　記名式の場合は，基本的には書きやすい程度の項目にとどめて，面談で質のよい情報を得ると考えるとよいでしょう。個別のいじめ問題の解決までつなげようとするときは，記名式でなければ支援対象者がわかりません。また，記名式では，名前を書く欄を上にして，最初に書かせるようにします。最後に書かせた場合，教師に伝えるという覚悟が決まらないまま書き進めてしまい，記名の時点で慌ててしまうからです。記名式の場合には，その書きにくさを考慮して，肯定的な質問項目で構成するなどの工夫が必要になります。

　最初の工夫は，身体に現れるストレス反応を選択肢で回答してもらうという配慮です。人は自分の責任となる行動や自らの人格が反映される考え方や感情については，答えにくいものです。その一方，病気やケガは自らの責任や在り方が問われない安全なテーマとなります。この仕組みを使って，まず，最近の生活の様子について，体調や睡眠，食欲など身体に現れるストレス反応から問うてみましょう。また，そこで選択肢を使うことも，回答を負担のないものにする工夫です。選択肢

表Ⅳ-1　記名式調査と無記名式調査

調査方法	目的	自由記述による質問項目例
記名式	本人に訴える機会を提供する	・学校生活はどうですか？
無記名式	目撃者に訴える機会を提供する	・学級の雰囲気はどうですか？ ・あなたが助けたい人はだれですか？

の長所を生かして，次に学校生活に対する満足度を，例えば10点満点などで評価してもらう問い
を設けてみましょう。否定的な身体反応に関する問い対して，学校生活については肯定的な満足度
を問うことでバランスをとろうとするものです。数字による評価や選択は安心して回答できるとい
う長所とともに，繰り返し実施することで当該生徒の学校生活の変化の様子を容易に捉えられると
いう利点があります。このように選択肢や数字での回答から始めることで，記名式であったとして
も，児童生徒の回答への抵抗を低減させることができます。そして，このあとに，「今，あなたが
がんばっていること」など肯定的な自由記述を設けます。

　無記名式の場合は，「助けたい人」を聞くことができれば，支援につなげることができます。こ
こでの目的とは異なりますが，重大事態の調査の際の聴き取りで無記名式が用いられるのは，対象
となる被害者が特定されているからです。無記名式には回答者の負担を軽減するという長所があり
ます。いじめが進行している学級や相互に牽制し合うような学級では，まず，無記名式の調査をし
て，いじめの存在を探索するところから発見に手を付けるという方法もあります。逆に言えば，無
記名式でしか情報が出せないような学級には，いじめがあると考えてもよさそうです。

　そのために無記名式のいじめアンケートでは，「冷やかされたり，からかわれたり，いやなあだ
名で呼ばれたりする」「仲間はずれにされる」など，いじめの態様にかかる項目を提示した上で，
それぞれに「されたことがある」「見たり，聞いたりしたことがある」「されたこと，見たこと，聞
いたことはない」で回答してもらうことになります。「されたことがある」への回答があれば，そ
の児童生徒は自らの被害を訴えるチャンスを待っていたことになります。「見たり，聞いたりした
ことがある」への回答があれば，それはクラスメートを助けたくてもなかなか行動ができず，躊躇
していた児童生徒にそのチャンスを提供したことになります。その上で，最後には「今のクラスの
雰囲気について，どう思いますか？」と問うことで児童生徒全員に鉛筆を動かしてもらうなか，「あ
なたが，助けたいと思っている人がいたら，その人の名前を書いてください」という促しにより，
援助対象者に関する情報を安全に提供してもらいましょう。このとき，自らのことであったとして
も訴えることを臆し，「されたことがある」ではなく，「見たり，聞いたりしたことがある」に回答
し，加えて自らの名前を挙げる子どもも珍しくありません。無記名式アンケートには，声を挙げる
ことへの抵抗や躊躇を，他人のふりをすることで越えられるようにする工夫も含まれています。そ
の意味で自由記述欄は欠かせません。

工．肯定的質問と否定的質問

　いじめのアンケートは広い意味では，要支援者を発見するツールといえます。そこで発見される

児童生徒は，いじめに限らず，家庭の問題や自身の問題を抱えています。つまり，アンケートを行う場合には，いじめ発見のみを目的とするのではなく，要支援者を発見するという心構えが重要です。要支援者の特徴として，肯定的な姿勢の減少が挙げられます。アンケートでは，必ずしも直接的な被害経験を問う必要はありません。肯定的な事項を問い，その減少から要支援者を発見することが可能です。肯定的な質問（例：「今がんばっていることはなんですか？」）に対しては，自由記述でも，児童生徒は積極的に書けるものです。このように積極的に書ける質問項目を設定して，アンケートに答える児童生徒全員が，鉛筆を動かす状態を作ることが必要です。全員が鉛筆を動かすことにより，いじめの訴えを記入していると周囲の児童生徒に知られてしまうのを防ぐことができます。

　否定的な質問（例：「友だちにされて，嫌だったことはありますか？」）に対しては，自由記述では書きにくいものです。否定的なことを質問するときは選択肢を用意するとよいでしょう。例えば，「今，悩んでいることは何ですか？」という質問に対し，「勉強」や「部活動」などの項目の他に，「いじめ」という選択肢を設けることもできます。また，「いじめ」という選択肢では回答しにくい児童生徒のために，「学級の雰囲気」など，曖昧な選択肢を含めることもコツといえます。

　最近の感情を聞くのもよいでしょう。例えば，「昼休みが楽しくない」「部活動に熱中できない」「行事が不安だ」などの項目を立てます。その際，「友だち」に関連づけないことが肝心です。「友だちにされて苦痛なこと」という文脈で質問することは，いじめ経験の有無を問うのと同義なので，答えにくいものです。特定の場面に関してうまくいっていないことを回答した場合，要支援者であると考えられ，その中にはいじめの被害者も含まれています。いじめそのものを問うのではなく，否定的な感情の経験を問うアンケートは，子どもたちにとって無駄な気構えをせずに負担なく回答できるものとなります。

オ．援助要請項目

　「相談したい」という項目を入れること自体が，援助要請行動を掘り起こすことになります。ここにチェックがあった場合は，速やかにそのニーズに応え，面談することが教師の責務となります。さらに，「相談したい」「相談はいらない」だけでなく，「今はまだいい」という曖昧な選択肢を入れることもコツといえます。アンケートでは明確な回答を期待することはできません。前述の「あ，いいえ」のレベルで子どもの躊躇を確認できれば成功と考え，この子たちを面談につなげることが大切です。同時に「今はまだいい」という回答は，抱える問題に対して，自らの力で解決を試みようとする態度を児童生徒自身に自覚させ，その成長を助長しようとするものでもあります。いじめの中には，児童生徒が自身で工夫し，解決にまで至るものがあることを教師は心得ておくべきでしょう。

カ．アンケート実施のポイント

　学級の状態や児童生徒間の状況は日々変化しますので，その状態や状況を査定するアンケートは，年度内に繰り返し実施することになります。しかし，どんなに工夫をしても，いじめアンケートは児童生徒に否定的な感情を抱かせるものです。回数多く実施すれば，状況はよく把握できる反面，

正直になるのは児童生徒か？　教師か？

コラム **10**

　アンケートを行う際，児童生徒との会話だと思い込んで工夫をしてみましょう。例えば，「今困っていることや気になっていること」の問いの選択肢について，「いじめがある」には答えなくても，「クラスの雰囲気」という選択肢があれば，いじめの端緒を児童生徒は教師に伝えやすくなります。「今すぐ相談したい」には答えなくても，「今はまだ相談しなくていい」には○を付けてくれたりして，教師としてはある意味うれしさを経験することになります。しかし，何回かこのようなアンケートを実施し，これを面談につなげていると，警戒して質問の核心に触れようとしない児童生徒が散見されるようになります。それは面談に呼ばれないようにする彼らなりの工夫です。

　このとき教師には，アンケート項目や選択肢の表現を一層工夫して支援対象者を見つけ出したいという欲が出てきます。しかし，それは児童生徒の工夫を越えて見つけ出そうとする勝負の構造です。あたかも釣り人と魚の駆け引きのようです。このような工夫で児童生徒を釣っても，その後の面談は児童生徒のためのものになりませんし，いじめの早期発見や対応の成果にはつながりにくくなります。このとき大切なのは，児童生徒の「面談に呼ばれたくない」という気持ちのほうです。面談に呼ばれても良い結果につながらないという事実か，あるいはそのような思い込みが児童生徒たちにはあるのです。

　ここで必要になるのは，児童生徒の裏をかくことよりも，教師が思っていることを率直に児童生徒に伝えることです。率直とは「いじめをなくしたい」と言うのとは少し異なります。もちろん，それも教師の思いには違いないのですが，児童生徒にはどこか遠くで響いているように感じられるでしょう。もっと教師個人の内面に近いところから，「いじめに関して教えてほしい」，あるいは「頼りにしてほしい」，さらには「うまく対応できるか，本当は自信がないのだけれど，やらせてほしい」と言えるかどうか。率直とは，自分の気持ちを「正直に」伝えることといえます。児童生徒には「正直に回答せよ」と求めながら，教師側が正直にならないことには，児童生徒の警戒を解くことはできないでしょう。

学級の雰囲気には少なからず悪い影響を与えます。双方のバランスをとるための工夫として，実施時期（実施日）を明示しながら定期的に行うという方法があります。定期的な実施は，児童生徒の変化を把握できるという利点があります。

　そして，実施日を明示しておくことで，児童生徒は次の機会への心構えをしたり，次回，何を記入するかを考えておくことができます。苦痛を感じるようなことがあっても，次の実施日がわかっていれば，そこで伝えようと思って耐えることができます。また，「先生に話すかどうか」「話すとしたらどう話すか」などを考えられるようになります。このことは対処能力を育成することにもつながります。さらに，「他者に援助を求めてもよいのだ」というメッセージにもなります。実施日を明示して，そこでの訴えを上手にイメージできた子どもは，次回のアンケートを待たずに教師に相談するようになることもあります。

78

アンケートを実施している最中には，以下の点に留意します。

① 児童生徒の様子を観察する

いじめのある学級においては，アンケートの実施自体が大きな刺激になります。そのときの子どもの反応からはアンケートの回答で得られる以上のいじめに関する情報が得られます。実施中に，児童生徒間でどのような反応（例：アイコンタクトをしている，冷やかす，特定の名前を挙げる）があるかを観察しましょう。記入の間に話している児童生徒がいれば，周囲にプレッシャーをかけ，「いじめ」の表出を妨げている可能性があります。子どもたちに緊張するそぶりが見られれば，それは学級にいじめがあるという「回答」でもあります。

② 安心して書ける環境を作る

子どもにとっては，教師がいるから安心して書けることもあります。学級の状況によっては，複数の教師が立つことも考えられます。また，教師のいる落ち着いた雰囲気の中では，アンケートの実施という刺激に対する子どもたちの反応がノイズなく鮮明に映し出されます。ここで大切なのは，落ち着いた環境を実現しなければならないということではありません。十分な配慮をしたうえでなお騒がしかったり，一部で安心できない様子の子どもが見られたりする場合には，学級にいじめがあるかもしれないという情報が得られたことになります。

③ 回収に配慮する

回収の際には，書いた内容が他者に見えないように，教師が回収したり，二つ折りにしたりするなどの対応が考えられます。いじめのある学級は，この回収の瞬間に，落ち着かない状況になることがあります。

キ. 回答の分析のポイント

① 書かれなかったことに注目する

「いま頑張っていること」「いま楽しいこと」などの肯定的な質問に対して空白のままの回答であったり，回答の文字数が少なかったりする児童生徒は，いじめか否かまでの判断はできませんが，なんらかの課題が発生していると捉えることができます。その課題がいじめに起因するものであるかどうかは，この後行う面談で確かめることになります。

② 変化に注目する

これまで書かれていた肯定的なことが急に書かれなくなったこと，あるいは空白になっていたり，書く量が減ったり，否定的な回答になったりしたことに注目します。児童生徒によって，書くことができる量やその表現の質には差があり，一度のアンケートでは読み取れないことも少なくありません。そこで変化に注目をします。しかし，質の変化を捉えることは，容易ではありません。このようなとき，数値（スケール）での質問（例：学校生活に対する満足度）を用意しておくと変化を容易に捉えることができます。特に，児童生徒を取り巻く環境や自身に大きな変化が生じたときには，急激に数値が落ち込むなどの変化から捉えることができます。

③ アンケートの回答を複数の教師の目で読み解く

自由記述の場合も，回答されたことの意味を読み解くことは容易ではありません。このようなとき，複数の教師で回答を読むことで，その意味を捉えやすくなります。例えば，「この子，こんな

こと書かない感じだったのに」「部活動のときの本人の様子とはちぐはぐな回答だ」など，前年の担任や部活動の顧問による情報は，現在の担任一人では読み取れなかった，判断上の重要な手がかりを含んでいるといえるでしょう。

　回答をどのような順番で誰が読み，気づいたことを誰に報告するのかは，各学校であらかじめ決めておかなければなりません。

(5) 面談による発見

　アンケートと面談はセットで行います。アンケートは，コミュニケーションの入り口であり，面談につなげるためのツールです。つまり，アンケートで「いじめがある／ない」という明確な回答がなされるわけではありませんので，1回のアンケートで，いじめの有無を含めて，全容を知ろうとすることを期待してはいけません。アンケートの目的はあくまでも，面談をするべき児童生徒を抽出することです。アンケートへの回答や複数回のアンケートでの変化が組織で定めた基準を超えた児童生徒に対して，面談を速やかに行うようにします。

ア．呼び出した児童生徒との面談

　相談を希望する欄にマークした児童生徒には，その旨を問うことで，面談をスタートさせることができますが，学校側が定めた基準で呼び出した児童生徒の面談は，何から話してよいのか戸惑います。このようなときは，児童生徒本人のアンケートの回答を机上に置き，教師側が気になる記述を指さしながら「これってどういうこと？」と問うことから始めるのがよいでしょう。その際，いじめか否かはいったん不問にし，積極的になれない点や，不安や苦痛など否定的な感情や理解を確認することを優先させます。そのうえで，きっかけを探す形で話を進め，理由（原因）を探索します。その理由は家庭の問題であったり，本人の問題であったり，あるいは，いじめの問題であったりしますが，いずれにしても，教師は支援の要点を知ることになります。いじめだと決めつけて問うと，児童生徒には自らいじめを訴え出るのと同じ重い負担を負わせることになります。

イ．いじめの被害を隠そうとする児童生徒との面談

　アンケートを通して，教師がいじめの被害者だと認識し，児童生徒を呼び出して面談をしても，多くの場合，本人がこれを否定します。「力になってあげるから」と促しても，児童生徒は容易に応えてくれません。このような場合，2つの理由が考えらえます。ひとつは，いじめられている状況そのものを恥ずかしいことだと認識し，教師からも保護者や友人からも隠そうとする場合です。もうひとつは，教師に訴えた後，どのように解決に至るのか想像や期待がもてず，あえて話そうとしない場合です。

　前者については，うまくいっていることから確認します。否定的なこと（「いじめられている」）は，言いにくいものです。いじめを受けている児童生徒は，学校生活のすべてがうまくいかないように感じています。しかし，実際には学級にいじめがあったとしても，部活動では良好な生活が維持できていたり，あるいは，応援してくれる仲の良い友人がいたりすることも多いものです。しかし，いじめられていることによって，このような資源を見失って，すべてがうまくいかなくなって

いるように思えるものです。人は，すべてがうまくいかないと思える状況では，うまくいかないことを隠すものです。このようなときに，うまくいっている資源を確認すると，うまくいっていないいじめのことも話しやすくなります。

　後者については，話した後にもっとひどい状況になると恐れている場合です。このようなときは，教師など誰かに相談するとどのような対応になるか，どのようなことが起こるのかなどの具体的な見通しが得られれば，相談をスタートできる場合が多いものです。どのようなことであればしてほしいのか，どのような人ならもっと話せるのかを整理してあげることが，その要支援者に対して教師ができることです。このような児童生徒にいま必要なのは，自分が工夫をすれば守ってもらえるという実感です。

　それでも，かたくなに話さない子どももいます。その場合には，その教師に話すととんでもないことが起こるという，当該教師に対する査定と捉えるべきです。児童生徒の窓口をどの教師が担うのか，学校はコーディネーター役の教師を中心に役割分担を再調整する必要があります。

　上記アとイのような面談はアンケートとセットで行うものですが，それ以外の面談でも発見につなげることができます。以下，そのことについて説明します。

ウ．児童生徒の他の相談テーマから，いじめ発見につながる面談

　児童生徒は「いじめ相談」という看板を背負ってくるわけではありません。例えば，進路相談や部活動のことでの相談の中に，「いじめ」と思われる断片が出てくるかもしれません。面談で，児童生徒の主観的な大変さを聴き取り，大変だと感じる客観的事実を確認します。また，主観的な大変さの中には，しばしば人間関係の問題が含まれています。それは，本人の工夫で乗り越えるべき課題であったり，教師が支援できるようなものもあれば，「いじめ」として教師が解決を引き受け，今すぐ制止しなければならない問題の場合もあります。

　繰り返しになりますが，「いじめられている」とは言い出しにくいものです。相談テーマは「いじめ」でなかったとしても，他のテーマを持ち出すふりをしながら，いじめそのものを訴えようと考える児童生徒も少なくありません。表向きのテーマに惑わされないように気をつけましょう。

エ．躊躇している児童生徒との面談

　学級にいじめがあっても，周りの子どもたちは容易に教師にその情報を提供するわけではありません。教師はそのような子どもたちを，彼らの意図にかかわりなく，いじめの隠ぺいに加担した者と見なしがちです。

　確かに，いじめという関係を維持する機能を担ってはいますが，彼らに足りないのは規範意識や正義感ではありません。教師には意図的な隠ぺいに見える行動をとっている周囲の子どもたちも，その心の中ではたくさんのことが動いています。いじめの事実を教師に訴えたい，あるいは，自分自身が加害者に対して「いじめを止めるように働きかけたい」，そんな思いが彼らにはあります。しかし，実際はすぐに動けるわけではありません。教師への訴えは加害者からは裏切り者に見えてしまうでしょうし，加害者への制止は相当な勇気を要するものです。自分が動くことで，自分自身をいじめのターゲットにしてしまいかねないという心配も大きいでしょう。

そんなときでも，被害者を助けてあげたいという気持ちがないわけではありません。助けたい，でも助けられないという，勇気と不安の間で葛藤があるのです。近くでいじめを経験した子どもたちは，常にこのような迷いの中にいます。数字で表現すれば，例えばそれは６：４や３：７という関係です。迷ったあげく勇気のほうが小さければ，何ひとつ行動を起こさないことになります。行動を起こさないとき，教師からは「傍観した，見捨てた，規範意識がない」と見えてしまうのです。もし，本当に彼らに助けたいという気持ちや規範意識が全くないという状況であるならば，教師はゼロからすべてを植え付けなければなりません。しかし，彼らに10分の４まで助けたいという気持ちが湧いてきているとしたら，教師が少しだけ後押しをして，それを10分の６にすることができれば，彼らは行動化できることになります。

　彼らに足りないのは，規範意識ではなく，ほんのわずかな勇気です。躊躇する彼らを非難するのではなく，少しだけ後押しするのが，教師の役割です。後押しとは具体的には葛藤を収め，教師に訴えたときにそのあと事案がどのように収束し解決するのか，という見通しを提供することです。躊躇や葛藤の結果，動けないのはその見通しがもてないときなのです。見通しとは，別の言い方をすれば，頼りがいです。この先生に話したとき，学級にあるいじめを上手に解決してくれるだろう，という信頼があれば，子どもたちは躊躇を乗り越え，行動化してくれます。子どもたちを躊躇させているのは，教師の頼りがいのなさなのです。

　今現在，学級で生じているいじめの問題について躊躇する子どもから話を聞きたい場合には，問題解決のためにこの場で話をしてほしいことを率直に伝えた上で，「ここで話してしまうと，どんなことが起こると思う？」と問い，何を心配しているのか，具体的に意識させることが大切になります。子どもは具体的な不安要因がなくても抽象的に心配を大きくしてしまい，話せなくなることがあります。上のように問うことで，その心配を具体的な対応可能な課題に変えることが必要になります。そして，多くの場合は具体的な心配は何ひとつなく，抽象的に考えていただけだと気づかせることができるものです。抽象的な考えにとらわれ，展開が見えない中で動けなくなっていることに気づけると，子どもは教師に相談するだけでなく，加害児童生徒に率直に話すことができるようになるものです。

　ただし，いじめられている子どもにとっては，いじめられていることに加え，周囲が助けてくれないという絶望感が二重の負担になっていることを支援者は忘れてはなりません。

オ．なんとか加害行為を止めたいと思っている加害児童生徒との面談

　意外なことですが，加害児童生徒の中には自らの加害行為を止めたいと思っている子どもも少なくありません。ときには冷静になったり，対象児童生徒との大切な関係を感じたり，そんな瞬間に日ごろの自らの言動を反省するのです。しかし，反省したからといって行為を自力で止められるわけではありません。

　話は少し遠回りになりますが，運動部の上下関係を考えてみることにしましょう。自分が下の学年であったとき，先輩からされた乱暴な行動や自分を尊重しない言い方に傷つくことは多くの子どもが経験することです。そして，「自分が先輩になったときには後輩を大切にしてあげよう」と心に決めるものです。時がたち自分が先輩になったとき，最初は丁寧な言動で後輩に接します。しかし，

自らに余裕がなかったり，気持ちが荒れているときに，普段と違い少しだけ言葉が荒くなったりもするのですが，後輩は少しの文句もなく，従ってくれます。心の中には申し訳なさが浮かび，初心に帰ろうと思うのですが，同じように余裕がないとき，再び言葉を荒くしてしまいます。それでも後輩は従ってくれます。いつの間にか，この関係に甘えるようになり，少し荒い言動も後輩への親しみのように思えてきます。次第に荒い言動が常態化し，気づいてみれば自らが不快に感じた先輩の言動と同じことをしているのです。残念ながら，もう元には戻れません。後輩に対する態度を直そうと思っても，この関係に甘えて修正することができなくなっています。意図しても止められない，あるいはそのときは反省し，言葉を慎むのですが，翌日には元の乱暴な先輩の姿に戻っています。

　このような経験を多くの人はしていますし，想像もできることだと思います。そこに働いているのは学習の仕組みです。人が自分の思いどおりに動いてくれるときの充足感は「ご褒美」として働きます。人も哺乳類も鳥類も，「ご褒美」があると「直前行動」を繰り返すようになります。先輩は，後輩が自分の思いどおりに動いてくれる「ご褒美」と「直前行動」の威圧的な言動をひとつのセットとして体に染みこませたのです。このときすでに自らの意思だけでは制御できなくなっていたのです。

　教師は，いじめたことを反省すれば，それを止められると思いがちですが，人間の学習の仕組みはある意味，異なるルールで動いています。いじめを反省しがらも言動をエスカレートさせる事案が少なくありません。加害者とされる子どももこの不思議な仕組みに戸惑い，驚き，ときに怖さすら経験しているといわれます。そんなとき，子どもは教師に対して，自分の友人関係のことを話したがる場合があります。「なんか雰囲気がよくない」「前のように楽しくない」といった曖昧な訴えであるために聞き流されがちですが，加害児童生徒からの援助要請である可能性を視野に入れ，丁寧に聴き取っていくことが大切です。

カ．言葉の端々に，特定の子どもや学級全体を蔑視している様子が見られる児童生徒との面談

　上述のような，いじめを加害者側が意識している場合とは逆に，意識していない場合も，加害者からいじめにあたる可能性のある行為を聴き取ることができます。情報は加害被害の当事者からだけではなく，周囲の子どもたちからも寄せられます。面談では目の前にいる子ども自身に関することがらのほかに，学級で起きていること，学級の雰囲気，学級の他の児童生徒の様子についても聴き取ることが有益です。このようなつもりで児童生徒から話を聞いていると，学級の子どもたちを蔑視するような語り口に出会うことがあります。教師としては指導すべき事項ですが，同時にそれはいじめの情報でもあります。その児童生徒は日常でも周囲の人物に対して見下すような言動をとっていることがあるからです。ここでの言い方を注意して教師としての仕事が完了すると考えずに，ここでの言い方・見え方が児童生徒間の中ではどのように展開するのかを想像することが必要です。このような児童生徒は自らの行為に後ろめたさを感じていない分，自分が周囲にどのような態度をとっているのか，防衛しないまま教えてくれるものです。加害者本人からもいじめを発見できることは心得ておきましょう。特に特定の子どもを見下すような発言がある場合，その子どもはいじめの被害者とはかぎらず，共にいじめをしている加害仲間であることも少なくありません。

キ．「被害者」かもしれない児童生徒の保護者との面談

いじめの情報は保護者からも提供されます。発見の基本は変化に気づくことです。保護者は，子どものそばにいるので，変化に気づける人です。「最近，元気がない」「最近，怒りっぽい」「学校の話をしなくなった」などの変化を教えてもらうことができます。ただし，保護者からの情報は，しばしば怒りや不満や，さらにいえば，クレームの形で寄せられることを理解しておかなければなりません。このようなネガティブな訴えや要求にさらされると，教師は話を早く切り上げたくなるものですが，それでは有益な情報を聴き取るチャンスを逃すことになります。保護者からどれだけ具体的な行為の情報が得られるかがカギになります。

保護者は心配や不満が先に立って，苦情の表現で連絡をくれるものですが，それは有益な情報でもあります。ここでは，保護者がどのような事実をいじめと判断したのか，客観的事実を聞くことに専念しましょう。また，スピード感が重要です。例えば，「うちの子がいじめられているようです」と言われたとき，教師は誠実な対応として「いじめられているんですね。わかりました。調べてみます」と答えてしまいがちですが，それでは話したくない本人や周囲，また隠したい加害者に事実をゼロから聴き取らなければならず，できない約束になってしまう可能性があります。いじめとは，客観的事実を集めて整理し，判断する言葉ですから，いじめがあるかないかを判断できるまでにはかなりの時間と労力が必要です。その学校の反応の悪さがさらに保護者から不興を買うことになります。

そこで，「どのようなことから，いじめだと思ったのですか？」と，具体的なエピソードについて質問するとよいでしょう。保護者から「○○をされたって本人が言っています」と返ってきたら，「○○された」について，「○○までに調べてお返事します」と言いましょう。具体的なことを確認し，保護者に約束した期限までに答えることが重要です。期限までは保護者は待つことができます。それに対して「できるだけ早く」という答え方は誠実ですが，保護者はがまんすることができず，すぐに答えがほしくなり，その願いに応えられない学校を責めることになりがちです。

また，情報が保護者からの攻撃的な言い方で入ってくることがあります。この攻撃的な言い方による訴えは，保護者の「子どもを守ってほしい」という願いがネガティブに表現されていると理解します。担任としては「そんなことはありません」「いじめではありません」と言いたくなりますが，保護者は情報を提供してくれている人であるという意識で聴き取りをします。保護者が伝えたいのは，同じ危機感を持ってもらいたいということです。その保護者の気持ちを受け止めることが，保護者を支えます。

ク．子どもの変化に戸惑いを感じている保護者との面談

保護者はわが子の変化には敏感であっても，いじめそのものに敏感なわけではありません。教師にとっていじめを発見することが難しいように，保護者にとっても，子どもから「いじめられてる」と訴えられなければ，その発見は難しいものです。また，子どもの変化に対する保護者の敏感さはいじめ発見の大きな助けとなるものの，子どもに変化があったことを保護者がいちいち学校に知らせてくれるわけではありません。保護者が教師に話してくれるのは，自身が子育てに困ったり，戸惑いを感じたときです。例えば，「学校の話をしていたらイライラし始めて，ついには暴言を吐く」

| | コラム **11** |

願いは否定的に表現される

「もう勉強なんかしない」「こんな部活なんか辞めてやる」——子どもたちは否定的な表現を使います。そんなとき教師は，文句を言われているように理解していることがありますが，それは事実とは異なるようです。よく考えてみれば，クラスの中で勉強を頑張っていない子どもはそんな言い方をしませんし，熱心に部活動に取り組んでいない子どもからはそのような表現を聞くことはありません。

大人も同様です。「管理職が理解してくれないこんな環境では仕事をやっていられない」「子どもたちにやる気がないのなら，こっちだって何もしてあげない」——こんな気持ちになるときがあります。このとき私たちは「もう仕事をしない」「子どもたちに何もしてあげない」と思っているのでしょうか。実際には真意は前半にありそうです。「管理職に理解してほしい」「子どもたちにやる気を出してほしい」という願いです。どうやら私たちは願いを否定的に表現する文化の中で生きているようです。子どもたちも同様です。文句とも取れる言葉を介して，「なかなかうまくいかないけれど，もっと勉強ができるようになりたい」「みんなでひとつになれるような部活動に取り組みたい」という願いを語っているようです。

「願いは否定的に表現される」，この原則を理解しておくと子どもたちの感情的な捨て台詞も同僚の投げやりな愚痴も真意が理解でき，聞きやすくなります。そして，いじめ被害を訴えてくる保護者の話も，クレームではなく願いだと理解でき，聞きやすくなります。「学校は何もしてくれないんですか」「学校にいる間，ずっとわが子のそばについていてください」「担任は頼りにならない」は，いずれも「何か工夫をしてほしい」「できる対応を考えてほしい」「安心させてほしい」との願いを語っているのです。それは，「わが子がいじめられているかもしれない」という恐怖を処理できず，冷静に判断したり言葉を選んだりできない状況にある保護者の精いっぱいの願いの表出です。教師は対人援助職です。支援対象者が正しい言葉づかいをしたときだけサービスを提供するというのでは，腕のよい対人援助職とはいえないでしょう。これは，支援対象者への心づかいのある姿勢というより，むしろニーズを聴き取るという，対人援助職の能力や技術の問題だと考えたほうがよさそうです。

「今までは学校の話をしてくれていたのに，話さなくなる」「リビングで家族と一緒に過ごす時間が急に減って，自室にこもるようになった」は，子どもが学校での体験を家族に知られないように必死になっているときの反応です。このとき，保護者から相談を受けることができれば，保護者の気づいた些細な変化の情報を学校はもらうことができます。もちろん，いじめだけが原因とは限りませんが，なんらかの問題を子どもが処理できていないことがうかがえます。

この情報をもらえるか否かは，保護者が学校に対して安心して弱音を吐けるという信頼の有無にかかっています。信頼は，熱心さによって得られるものではありません。日ごろ，教師から「家庭で○○してください」という要求が多いと，それに応えられない保護者は，教師からの接触を避け

るようになります。教師が話したいことを保護者に聞いてもらうのではなく，保護者の戸惑いを評価することなく聴き取れることが，信頼につながります。

ところで，いじめている児童生徒も学校生活がうまくいっているわけではありません。誤った対処行動として攻撃的な行動をとっている児童生徒にも，家庭でのイライラなどが見られるケースは少なくありません。保護者からの相談は，いじめられる側だけでなく，いじめでしか解決，解消できない問題を抱えた，いじめる側の児童生徒を発見することにもつながります。

ケ．当事者ではない，学級内の児童生徒の保護者との面談

保護者は子どもから学級の情報をたくさん聞いています。また，保護者同士でも情報を交換しています。しかも，否定的な情報ほどよく伝わり，よく記憶されます。二者面談，三者面談というと，わが子の話しかしないと思うかもしれませんが，教師としてこれを使わない手はありません。そして，人は自分が当事者でない話題については，よく話すものです。「先生，ご存知ですか？」と少し自慢の色が入った感じで，教師の知らない学級の状況や人間関係，そして，いじめについての情報を提供してくれます。

ただし，ここで注意したいのは，その情報は提供者の主観的な見方であって，客観的な事実とは異なるという点です。加害被害は見る人の立場によって，あるいは話の切り出し方によって変わるものですから，その情報だけで判断することは厳禁です。事実のように語られる行為にも主観的な理解による加工が施されています。

それでもこの情報を大切にするのは，ひとつにはその中に支援対象者となる児童生徒の様子がわずかでも含まれている可能性があるからです。もうひとつには，たとえ客観的な事実とは異なるものであったとしても，学級の子どもたちや，その保護者たちの間では事実のように理解されているという事実に関する情報だからです。この噂そのものが一部の児童生徒の人権を侵すものかもしれません。これらの意味で二者面談，三者面談において，当事者以外の情報を扱うことは重要です。

コ．学級の状況について，他の教師に助言をもらう面談

いじめ発見のきっかけとなる情報は，上述のように多様な他者からもたらされると思われているかもしれませんが，実は担任教師自身の内側から情報を発信していることもあります。学級や個々の子どもの様子を他の教師に話す習慣をつけてください。管理職や主任，コンサルタント役の教師に相談するだけでなく，担任同士で相互に学級の状況について話をすることでも有益な情報が得られます。

担任は日常の教育活動として子どもたちに関与していますが，関与の当事者からは当然に見えることも，周囲の観察者からはそれがトラブルやいじめ事案に見えたりするものです。担任に力がないからではありません。関与しなければ子どもたちは成長しませんが，関与が強くなるほど観察の機能を失い，巻き込まれるものだからです。内側から事案の課題を正確に読み取ることは，経験を積んだ教師にとっても容易なことではありません。

もちろん，管理職や学年長などに学級集団を観察してもらう，あるいは，子どもたちの生活記録ノートを読んでもらうという，外の目からの点検はとても重要なことですが，実際の学校場面では

その機会を作ることも容易ではありません。このようなとき，それに代えて，担任自身に見えている学級像や子ども像を他者に話すことによって，同様の効果を持つ有益な指摘が得られます。また，そこには担任自身の見え方を矯正するという効果も期待されます。このような機能はスーパーヴィジョンと呼ばれるもので，対人援助職には常に求められる，関与や観察に関する修正です。こうした過程の中で，見過ごされていたトラブルやいじめを自らの内側から発見することができるのです。

サ．地域の人からの情報提供

地域の人からの情報提供によって有益な情報が得られることもあります。子どもたちの中には，学校や家庭すべての場面で気をつかい，自らの加害を全力で隠ぺいしている子どももいます。そのような子どもも，学校・家庭の外ではその隠れた一面をさらすことがあります。例えば，学校では無口でおとなしく，家庭でも問題を起こしていない子どもが，学校帰りに，連日，友人とコンビニエンスストアに寄り，その飲食代のすべてを友人に支払わせている事案がありました。それを不審に思った店主からの通報により，学校がいじめを知ることとなったのです。関係者の誰もが意外に思い，その信憑性を疑ったこの事案において，加害者の逸脱に気づくことができたのは，地域だったのです。

このような例は，通学途上に立つ交通指導員，地域の文房具店，子どもたちが遊び場とする公園の管理者などからの報告にもみられます。ときにこれらの情報は学校の至らなさを指摘する苦情の形をとりますが，有益な情報提供と捉える姿勢が協力の継続につながります。通報者は，加害者の理不尽を感じて自らができることを探しますが，実現可能な支援は容易には見つかりません。同様に，被害者の苦痛を感じて何かをしたいと考えますが，何から手を付けてよいのか思いつきません。何もできない無力感をもって情報を学校に提供するときには，学校を責める表現になりがちです。地域の人たちの善意もしばしば攻撃的な形で現れることを知っているだけで，その聴き取りの力は向上するでしょう。

3．電話相談が備える機能に学ぶ

いじめ問題への対応のひとつとして，多くの学校が教育委員会など学校以外の機関が設けている電話相談窓口を紹介しています。しかし，電話相談の大きな特徴は匿名性（学校名も言わない）ですから，その電話が本当にいじめ問題を解決するかはわかりません。それでも子どもは電話相談を頼りにします。子どもは，「いじめ」に対して「何から話をしていいかわからない」「どう対応したらいいかわからない」「でもなんとかしたい」と思ったときに電話をかけるのです。電話相談の機能を掘り下げていくと，子どもがいじめ問題を相談するのに，どんな点がネックになっているのかが見えてくるはずです。そのことは，学校がいじめを発見するうえでのヒントにもつながるでしょう。

(1) なぜ24時間対応なのか？

「24時間受け付けます」という電話相談の対応から，子どもがどんなときなら話せるか，話したいと思うのか，教師も考えてみるとよいでしょう。

24 時間対応の背景には，子どもによって動けるタイミングが違うということがありますが，そのタイミングは教師が考えているものとも異なるのかもしれません。苦しさに耐えられなくて電話するのではなく，少し気が楽になってようやく電話をかけられる気持ちになる子どももたくさんいます。少し気が楽になる時間とは，学校から，あるいは SNS の縛りからも解放され，その一方で翌日の学校のことはまだ考えなくてもいい時間帯です。

　子どもは気持ちが混乱し，いっぱいいっぱいになったときに相談にくるわけではありません。今日のいじめに困り果て，明日のいじめに恐怖を感じる，そんなときに「相談をする」という新たな行動に出るのはとても難しいことです。人は気持ちが少し楽になったときに行動を起こせるものです。そう考えると，教師にはいじめられている子どもの気持ちを少し楽にさせる工夫が求められていることがわかります。それは例えば，本人が熱中できる行事であったり，気兼ねなく発表ができるという実感が持てる授業のときであったり，安心して書ける環境でのいじめアンケートの場面であったりします。

(2) なぜ匿名としているのか？

　教師など周囲の大人に相談すると意図しない動きをされ，子どもが困り果ててしまうということがあります。けれども，匿名の電話相談にはその心配はありません。また，子どもは自分の気に入ったストーリーを話したいという願いもあります。自分がどのようにつらかったのかをわかってもらうために，事実を自分に寄せながら話をするのです。これは嘘をつく，大げさに言うのとは異なります。自分の感じているつらさと辻褄が合うようにストーリーを組み立てているのです。ところが，実際に自分のことを知っている人に話をすると，いちいち事実と違う点がないかをチェックされ，それがわずらわしくもあり，脅威にもなります。匿名は，現実から離れ，主観的なつらさを話せる環境といえます。このことから，教師が話を聴くときには，半分は事実を明らかにする姿勢，残りの半分は被害者とされる子の主観的な理解を安全に聴き取るという配慮が必要であるとわかるでしょう。

(3) 無言電話，いたずら電話をどう考えるか？

　無言電話は，「何を話していいかわからない」という子どもの思いを表しています。あるいは，相手が何を言ってくるかわかならないから様子をみていると考えます。また，辻褄の合わない作り話をすることもありますが，それはいたずらではなく，「この人，どのくらいの力があるのだろう」と試しているのです。つまり，相手がこのまま話をするのに値するのかそうでないのかを，ふざけた言葉や作り話を使って査定していると考えられます。同様に教師も，子どもが黙っていたり，ふざけた態度を取っているときには，「何から話していいのかわからない戸惑い」や「信頼できる相手かどうかの不安」を汲み取り，配慮する必要があるのです。

　また，こうした電話相談では，いたずらなのか，相談を躊躇しているのか，明確に判断がつかないものです。学校から電話相談のカードをもらい，そこに「いじめ」と書いてあったから，加害者か被害者かわかりませんが，その言葉に反応してカードを使ってみたのではないでしょうか。「いじめ」という言葉に反応した子どもが電話をかけているのですから，そこにはいたずらはないと考

えて支援をしなければなりません。

　電話相談のカードを配るときに，「本当は，『いじめ』のことを自分たち教師に相談しても大丈夫だと，子どもに繰り返し伝えることが大切なのではないか」と自分自身に問いかけてみてください。カードを配ることを通して，「どうして24時間なのか？」「どうして匿名なのか？」という点から，教師として子どもに何を話したらいいのか，どう対応したらいいのかを考えるきっかけにしてほしいのです。また，子どもがいたずら電話や無言電話をすることで何をしたいのか，何を得たいのかを教師は考え，子どもの相談を受け入れる個人や組織の態度や仕組みを改めることにつなげてほしいのです。

　電話相談を本当に窓口として活用したいのであるならば，個人を特定して手を差し伸べるための窓口として機能させるつもりがあるのか，それとも悩みを聞いてその夜を安全にやり過ごさせることが目的なのか，その区別について，カードを配る教師側は知っておくべきでしょう。

文　献

1) 大谷哲弘・山本 奨　(2018)．いじめの予兆をとらえる視点：大学生から自由記述により収集した項目の分類．岩手大学大学院教育学研究科研究年報，2, 85-94.

V章 いじめへの対応

1. 学校いじめ防止基本方針に基づく自校の取組の点検

（1）学校いじめ防止基本方針

　いじめ防止対策推進法は国と学校に基本的な方針を策定することを義務づけています。このうち学校いじめ防止基本方針（以下，基本方針）を定める意義としては，組織として一貫した対応が可能になること，児童生徒およびその保護者に対し安心感を与えること，加害行為の抑止と加害者への成長支援を可能にすることが挙げられています。その内容としては，いじめの防止，早期発見，事案対処に係るものとされ，包括的な取組の方針を定め，対処等の在り方についてのマニュアルとして機能することが求められています。そして，学校の実情に即して適切に機能しているか，組織と取組を中心に点検し必要な見直しをするという PDCA サイクルを含むものとされています。また，これらを十分に機能させるために取組の実施状況を学校評価の評価項目に位置づけることや，検討する段階から保護者，地域，関係機関が参加すること，さらに，それらを学校のホームページに掲載することが求められています。

（2）基本方針のポイント

　法律は各学校に基本方針を定めることを求めています。基本方針そのものが学校や子どもを守っているわけではありませんが，基本方針を常に改定し誠実に運用しようとする姿勢には，学校や子どもから，いわゆる「いじめ問題」を遠ざける効果があります。そのときどきの法令，基本方針を含めて，敏感になっておくことが大切です。

ア．学校と児童生徒・保護者・地域との約束

　基本方針は，学校と児童生徒，保護者および地域との，いじめ問題に関する約束になります。児童生徒，保護者および地域に示していない基本方針は約束の機能を果たさず役に立ちません。多くの学校が基本方針を履行せず，いじめ案件が生じたときに非難されるのは，これを約束ではなく教

師用の単なるマニュアルと考えているからです。約束である以上，書かれてある言葉は何を示しているのか，誰が役割を担っているのか，実行すると書いたことが実現できているのか等を常に点検する必要があります。学校は，いじめが発生したから責任を負うというのではなく，「いじめは発生する」という前提に基づいて，まず約束どおりに動いているのかどうかを検討することが大切です。約束どおりに動いていても防げないのであれば，約束の内容が悪いという視点で検討を行います。そして，その約束は年度当初に児童生徒や保護者に示します。学校のホームページ上に掲載するのは，約束として機能させるためなのです。

イ．内容の理解と確認

約束である以上，基本方針の内容について説明できることが求められます。例えば，多くの学校の基本方針には「いじめている側の児童には，教育的配慮のもと，毅然とした態度で指導にあたる」などの文言が盛り込まれています。ここでいう「教育的配慮」とは何か，「毅然とした態度」とは何かを説明できる必要があります。その説明は，管理職や生徒指導担当など，いじめ問題を掌握する一部の教師だけができても何の役にも立ちません。子どもや保護者に直に接する担任を含め，すべての教師が同じように説明できなければならないのです。

これを実現するのが，読み合わせです。年度当初，教職員会議で声を出して読み合わせることが共通理解への近道です。このとき役立つのは，いじめ問題に詳しい教師の解説ではなく，初任の教師や異動してきた教師の素直で素朴な疑問です。なんとなく曖昧にしてきたこと，合意したつもりになっていること，当たり前だと思い込んできたことを整理することが有益な基本方針を作り上げるのです。

さらに年１回，保護者や児童生徒にも説明会を開いて，検討する機会を作りましょう。初任者，転任者以上に教師側の文化に慣れていない保護者や児童生徒にも理解できるものにすることは有益です。加えてこの取組は，合意を得るという機能を兼ね備えています。この合意の責任を，学校だけでなく，保護者，児童生徒にも負ってもらう手続きを経ることができれば，結果だけを捉えて学校が責められるという問題の解決にも近づきます。約束どおりに動いていてもいじめ問題が発生したときには，結果だけを捉えて責任を語るのではなく，子どもや保護者とどのような約束をし直す必要があるのかを協議します。

(3) 基本方針のチェックの観点

基本方針をチェックするときに，次の４つの観点で確認してみましょう。

ア．意味が伝わっているか？

この観点は，保護者への説明の際に「それって，どういうこと？」という質問が返ってくることを想定したものです。多くの学校が文部科学省の通知や資料を基に自校の基本方針を作成しています。しかし，その際，当該の通知や資料の意図を自校の現状に当てはめて解釈するという作業を怠ったまま模倣するために，自ら示している基本方針の意味を教師だけでなく管理職までもが説明できない状態に陥っています。

例えば，「いじめ問題は教師の児童生徒観や指導の在り方が問われる問題である」という表現は，多くの都道府県教育委員会や学校で用いられています。これを示したときに，保護者から「それってどういうこと？」と問われたら，教師はその意味や意図するところを説明できるでしょうか。説明できないのであれば，基本方針は約束として機能していないことになります。ちなみに，文部科学省はこれについて，「個性や差異を尊重する態度やその基礎となる価値観を育てる指導を推進する道徳教育や心の教育を通してかけがえのない生命，生きることの素晴らしさや喜びなどについて指導することが必要である」としています。意識の高い教師は保護者の問いにこれを用いて説明するかもしれません。しかし，保護者からは重ねて，「それをどのように具体化するのですか？」という質問が出るでしょう。これが次の「約束として成立しているか？」という観点です。

イ．約束として成立しているか？

　上で述べたように，この観点は，あまりに抽象的で何をするのか具体的でなく，約束の機能を果たさない項目を見つけ出すためのものです。「具体的にどうするの？」という質問に置き換えることもできるでしょう。例えば，「自己有用感や自尊感情を育むため，児童一人ひとりが活躍し，認められる場のある教育活動を推進する」という表現もしばしばみられるものですが，学校全体としてどのような事業，行事，指導をするのかが示されていません。担任教師が授業や特別活動，道徳の時間などで何を働きかけるのかもわかりません。基本方針はPDCAサイクルの中で点検，評価，改善される必要があるものですが，この観点をクリアしていなければ，実行できたか否かの点検すらできず，ましてやその成果を評価することなどできるはずもないのです。

ウ．正しいか？

　次は，定めた項目が法律や国の基本方針に照らして正しいかという観点です。例えば，「いじめを発見したときは，特定の教職員が抱え込むことなく，速やかに組織的な対応をする」という表現は，一般的で一見間違いのないものに見えます。しかし，保護者会で自校の基本方針を説明する際，「組織的に取り組みます。担任が抱え込まないようにします」と話した後にその表現を示すと，保護者からは「えっ，でも，誰がいじめを発見するのですか？　いじめかどうかは，担任ではなく学校が判断するという話でしたよね」「学校がいじめと判断しないかぎり，担任が問題を抱え続けることになるのでは？」などと問いただされるでしょう。一見，正しく当たり前と思える表現の中に，いじめを担任が抱え込むという最も重大な問題が未解決のまま置き去りにされているのです。

エ．実現可能か？

　学校が積極的にいじめ問題に対応しようとする姿勢は保護者から歓迎されるものです。また，教師自身もその職業特性から熱心に，より多く仕事をすることがよいことだと思っています。そのため，実際には実現不可能なことまで基本方針に書き込み，いったん事案が発生した後，その履行を保護者や地域から求められて窮地に置かれることがしばしばあります。例えば，「インターネット等を通じて行われるいじめを発見したり，通報を受けたりした場合は，被害の拡大を避けるため，プロバイダーなどに情報の削除を求める」などの表現は勇ましく，熱意も感じさせるためについ用

いられてしまうものです。確かにこれが実現されれば被害者は守られ，加害者の子どもも自らの行動が意図しないところにまで拡大されることから守られるでしょう。しかし，実際にはいったんインターネット上にさらされた情報は事実上削除できません。プロバイダーとの交渉も容易ではありません。加えて，この表現では加害者と被害者の双方の保護者に代わって学校が交渉を行うことを約束しているだけでなく，削除という成果を保証していることになります。できない約束をすることは誠実でないばかりでなく，基本方針全体の信頼性をも損ねるものです。このような場合は，いったん流出した情報は削除できないことを示した上で，具体的な未然防止の方策を示すべきでしょう。

2. 事実確認の仕方

(1) 主観的理解と客観的事実を区別する

　法律では児童等はいじめをしてはならないと定めていることから，いじめをしないことが可能だと思われています。しかし，実際にはいじめは判断の言葉であり，行為を「いじめ」と判断しているのです。そこでは事実を調べることが前提になるため，いじめ問題に対応するときには，主観的理解と客観的事実を区別して聴き取る必要があります（表Ⅴ‐1参照）。

　例えば，教師が「いじめたのか？」と聞くと，子どもは「いじめてません」と言い続けます。「無視された」というのは，行為をされた側の理解です。行為をした側としては，「無視した」とは理解していませんし，また，そう理解されたくもありません。だから，行為をした側に「無視したのか？」と聞けば，否定するでしょう。この場合，「返事をしなかったのか？」という客観的事実（具体的な行為）を聞くほうが，行為を確認しやすいのです。

　別の例として，「使い走りさせたのか」と問うても，多くの生徒は否定します。加害生徒からすれば，逃れたいという気持ちよりも，教師の端的な問いかけへの戸惑いのほうが大きいと考えられます。当人は，金を奪うという明確な攻撃性の意図はなく，関係の中で何となく支払いをしてくれる相手への甘えというような，曖昧な気持ちでしている場合も多いのです。教師は攻撃性の意図ではなく行為を確認する意味で，まず「パンを買ってくるように頼んだのか？」と問います。隠そうとする生徒も曖昧に思っていた生徒も，この質問は肯定しやすいものです。続けて「お金を払った

表Ⅴ-1　主観的理解と客観的事実

された側の主観的理解	した側の客観的事実
無視された	返事をしなかった
怒鳴られた	大きな声で話した
蹴られた	足が当たった
悪口を言われた	「協調性がない」と言った
しつこくぶつかられた	4回肩が当たった
使い走りさせられた	買ってくるように頼んだ
冷やかされた	話題にした

のか?」と問えば，加害側の生徒は払っていない事実を認めやすくなるでしょう。意図ではなく事実の確認を行うのです。事実の確認さえあれば，攻撃や悪意を否定したとしても，教師は「あなたのやっていることは『たかり』といって許されない行為です」と説諭することが可能になります。主観的理解は行為をした側にはわかりません。行為をした側には，行為を客観的事実として聞くことがコツになります。一方，いじめられた児童生徒に対しては，主観的理解を尊重する関わりが必要になります。

　ところで，ここでは客観的事実というものがあるかのように語ってきましたが，実はそれ自体も行為を行った側の理解であったり，聴き取った側の理解であったりします。いじめ問題に限らず，子どもと話をするときには，それが子どもに見えている世界であり，その見え方そのものがその子どもの力であったり，課題であったりすることを理解しておくべきです。しかし，主観的理解は必ずしも個人の思い込みではありません。誰にとってもそう見える公共性のある主観は，世の中では客観的事実と同じように扱われるものです。私たちはその公共的主観を「事実」と呼んで確認しようとするのです。

(2)「加害者」からの聴き取り

　まず，この時点では，いじめであることも加害者であることも，いまだ定まっていない点に注意しましょう。また，いじめを聴き取るのではなく，事実を聴き取るとの理解が必要です。事実を収集し，突き合わせ，固定させる作業が，ここでは求められます。

ア．いじめの疑いのある行為を行った児童生徒からの聴き取り

　教師が聴取の必要性を感じたのですから，教師側にはすでに情報があり，確かめたいことがあります。それは，仮説ということができるかもしれません。その仮説と，聴取で得られた結果を比較して，事実を追求することがここでの作業です。聴き取ることと指導することとを区別し，ここでは聴き取ることに専念することが必要になります。

① **事前に，それまで得られている情報を整理しておく**

② **聴き取りでは，客観的事実を確認し，整理する**

　ここでは，指導することが目的ではありません。事実の確認と指導とを区別することがコツになります。

③ **直近の行為から，事実として何をしたのか，具体的に確認する**

　いつからいじめが始まったのかというのは判断であるため，加害者と被害者の言い分は食い違う可能性が高いのです。被害者にとっても，当時はいじめだと思っていなかったことが，今は許せないからあのときも許せないという気持ちに変わっていると理解するとよいでしょう。初めの事実から把握しようとすると，このような認識の変化に加えて，これまでのすべてを明らかにすることになることから，作業は膨大になり，認識も事実も手に負えなくなります。

④ **「いつ，○○という行為があって」と記録する**

　「いつ，いじめがあって」という記述はしません。

⑤ **いじめを受ける側と行う側が入れ替わりうることを念頭に置く**

イ．聴き取り後の対応

委員会および管理職を中心に学校として「いじめ」と判断できたなら，「あなたのやったことはいじめだから許されない」と告げることになります。ここでの目的は，本心から反省しているかどうかを問うことではなく，「あなたが抱えている問題をいじめという方法で解決することはできない」ということを理解してもらうことが主眼です。「抱えている問題」とは，加害者の持つ劣等感や欲求不満など未解決の多様な問題を指します。下校の際には，本人の気持ちの整理を確認して，必要であれば，保護者に来校してもらい引き渡すなどの対応も検討します。

ただし，事案の性質によっては，加害者とされる児童生徒に「いじめ」という言葉を用いないで指導したほうがよい場合があること，あるいはできることを理解しておくことも必要です。

ウ．事実を書かせるポイント

子どもは，事実について一度は口頭で認めても，そのあとの事態が予想できずに怖くなり，翻意したがるものです。うそをついているのではなく，いじめだと認めるべきだという気持ちと，悪くないと思いたい気持ちの間で揺れ動いているのです。文字で固定させて，後戻りできないようにすることも加害者への配慮です。また，この配慮が加害者の保護者との無用なトラブルを防ぐことになります。子どもは家庭では「悪くない」と思いたいという気持ちを優先させて話しますし，それが加害者の保護者にとっても利益のあることです。事実を固定することは，子どもにも保護者にも負担を軽減させることになります。その目的のためには，いったん教師が聴き取ったあと，「今話したことを書いてごらん」という導きで，当該児童生徒本人にその場で詳細（いつ，どこで，誰が，誰に，何をしたのか）を書かせます。これは，客観的事実に基づいて，いじめに対する指導ができるようにするためです。小学生であっても，できるだけ本人に書かせるようにしましょう。

「反省文を書かせる」という方法もしばしば行われていますが，書いた子どもは反省のふりをしているだけではないかと疑うような反省文に出会うことも少なくありません。おそらく，反省文を書かせる目的が教師に正しく理解されていないのでしょう。反省文とは本来，反省の心情ではなく，反省の対象となる事実行為を本人に書かせ，固定させるためのものなのです。事実を固定させて，行為をストップさせることができた後にようやく，反省のための指導・援助に関する会議や対応に時間をかけることが可能になります。

(3) 被害者からの聴き取り

① 主観的理解と客観的事実を区別して聴き取る
② 誰の何の行為が，主観的にどのようにつらいのかを聴き取る
③ 安心して学校生活を送るために，具体的に何が改善されたらよいのか（ニーズ，どうなったら解決だと思えるのか）を確認する

文部科学省[1]は「いじめの防止等のための基本的な方針」において，いじめの解消とは，「行為がなくなってから3カ月の時間経過と苦痛の解消を目安とする」と定めましたが，加害者側に行為を止めることはできても，被害者側に苦痛の解消をもたらすことは容易ではありません。まず行為がなくなったことにより安全な状況となったことを被害者側が理解できるよう支援することが教師

の役割となります。安全な状況を確信させることは，教師や心理職，被害者の保護者の役割となるでしょう。

　場合によっては，周囲の児童生徒が好意から行った行為もいじめだと理解する子どももいますし，それがいじめと認定されるルールの中にいるのですから，すでに安全な状況が得られていて，それを安心の確信に変えることだけが，対応となる場合もあります。

（4）周囲からの聴き取り

ア．周囲の児童生徒からの聴き取り

　いじめのある学級では周囲の児童生徒も不愉快な思いをしています。その不愉快さや，被害者を助けてあげられない無力感，何もできない情けなさ，自分が動くことの恐怖などを理解し支えることが最大の要点です。周囲の児童生徒は単なる情報提供者ではなく，彼ら自身が支援対象者です。ましてや，傍観者として責めることがないように留意しなければなりません。彼らにとっては「言いたい，でも言えない」という葛藤そのものが困りごとなのです。困りごとを抱える児童生徒の至らなさを責めることで利益はありません。教師に言うのを迷っている気持ちを支えること自体が，結果的に情報の提供につながります。しばしば「情報提供者を守りましょう」という指摘がされます。それは正しいことではありますが，支援対象者への配慮のひとつにすぎません。守ることに加えて，葛藤を労う姿勢も必要ですし，その後の学級経営に有効に働きます。

　周囲の児童生徒には何が見えているのかを，主観的理解と客観的事実を区別して聴き取ります。主観的理解の中にはその子の思い込みや思い入れが含まれるものですが，事実ではないと切り捨てるのではなく，その見え方から生じるその子の不自由さに介入することが教師の仕事になります。この配慮ができれば，客観的事実との混交を避けることができます。

　人が困りごとを話すときは，「いつから」「何が」「どのように」などの5W1Hが整理された状態ではないという前提で聴くとよいでしょう。現時点で何に困っているのか，何を見ていて心配なのか，納得がいかないのかを，一から聴き取ろうとすることがコツになります。問題によっては，すでに長い期間を経ている場合もありますが，今の問題から始めて，時を遡って聴き取ることが有効です。

　児童生徒によっては，教師に話すことをためらう場合があります。話すことで問題がもっと悪いほうに傾くのではないか，あるいは自分に被害が及ぶのではないかという心配があるのかもしれません。話したあとでどのような結果になるのかが具体的に想像できず，漠然とした不安をもっている児童生徒も多いものです。教師に情報を提供することでどのように解決につながるのか，児童生徒にイメージしてもらうことが大切になります。解決のイメージを提供できなければ児童生徒は話してくれませんが，それは子ども側の問題ではなく，教師の力不足や子どもからの不信の結果にすぎないのです。

　こうして，周囲の児童生徒の気がかりに応えようとすると，必然的に，他の児童生徒の目を避けて，聴き取る場所，時間，複数の教員による対応等の配慮にも注意が向くようになるでしょう。

イ．保護者からの聴き取り

① 不安や心配を理解する

保護者はいじめに相当する事実を客観的に整理して学校に伝えてくれるわけではありません。子どもの言動からいじめを疑い，慌て混乱した状態で学校にその心配を訴えてきます。ここでまず聴き取らなければならないのは，事実として何があったのかではなく，保護者のその心配な気持ちです。気持ちを聴き取った後で，保護者を心配させた子どもの言動から事実の端緒を話してもらい，これを整理することが必要になります。

② 教師の知らない端緒を握っている

いじめの発見は，些細な事実の積み重ねによることが多いものです。服の汚れや持ち物の紛失など，小さくても具体的な情報をたくさん持っているのは保護者です。保護者を心配な気持ちにさせた具体的な情報こそ，いじめ発見のために教師が欲しがっていた情報にほかなりません。

③ 教師の知らない人間関係の広がりを知っている

教師は子どもの交友関係について，例えば，新しい友人が増えたことや仲の良かった子と疎遠になっていることなど，知らないことがたくさんあります。一方，保護者は子どもの交友関係の変化には非常に敏感です。教師には容易には想像できない今の交友関係の意味を解説してくれるのは保護者です。その中にはいじめの被害に関する情報や，あるいは学級の中でいじめられている子どもの情報，ときには加害に関する情報も含まれているかもしれません。

④ 保護者は子どもの主観的な苦痛の通訳者

今日のいじめは，子どもの主観的な苦痛に注目して認定されています。この苦痛について理解するのは教師には容易なことではありません。生じた事実のほうに目を奪われ，つい「このくらいのことで」「些細なことなのに」と思ってしまい，被害者の心情を被害者の理解の枠組みで聴き取ることができないのです。保護者を通して伝えられる子どもの主観的な苦痛の訴えは，そのような教師の理解を助けることになるでしょう。わが子に都合のよいことしか言わない，あるいは，子どもの言うことを大げさに受け止めているだけだなどと考えると，せっかくの情報を聞き逃し，理解は歪められたままになってしまいます。保護者は子どもの主観的な苦痛の通訳者だと理解しましょう。

3. 指導と援助のポイント

子どもたちは，それまでに教えられてきた，人としての規範をすでに持っています。教師は子どもの不適切な行動に対し，規範が不足していると理解しがちですが，社会の中で生きているという時点で，子どもも規範に縛られた状況に置かれているのです。例えば，校則違反で制服姿の乱れている生徒は，教師の目には規範に欠けているように映るかもしれませんが，そのような彼らにしても一糸まとわぬ姿で街を歩くわけではなく，またそうしたいとも思わないのは，一定の規範が身体に染み込んでいるからといえるでしょう。

規範は成長の過程で染み込むものですから，小学校低学年では意図的に植え付ける必要があることは言うまでもありません。高学年以上になると，社会に適応することを理解して，不用意に人を攻撃することはなくなります。ただし，考えが至らないために忘れてしまうことはあります。人を

攻撃しているときは，自身の望みを叶えるために，なりふり構わず，規範を忘れている状態なのです。"無い"わけではなく，"忘れている"だけであれば，わざわざ植え付けようとしなくても，"ある"ことに気づかせるだけでよいのです。その子どもが，低学年のように未発達で規範を植え付ける時期にあるのか，規範を忘れているだけの状態なのかを見極めたうえで支援することも，教師の課題です。

　いじめ問題が起きた場合，被害者にせよ，加害者にせよ，周囲にいる児童生徒にせよ，行動の選択の失敗や考えの至らなさ，工夫の余地があったことを，責められたり不当に非難されたりすることが多いものです。いじめ問題への介入は，ある意味で危機対応だといえますが，危機対応の原則は「守ること」です。いじめ対応はしばしば，関係者の命や人権を守ることから始める必要があります。しかし，子どもが成人するまで守り続けることが社会の使命ではありません。事態が落ちつきを回復したら，次の課題は「育てること」です。いじめ以外に何ができたのか，あるいは，降りかかる災難からどのようにわが身を守ったらよいのか，さらには，身近で起こる，例えば人権侵害にどう対応すればよいかなど，問題に対する解決力を獲得させることが，「育てる」取組です。

　いじめの被害者，加害者の中には通常の「育てる」取組では解決されない課題を抱える子どもも少なくありません。加害者の中にはいじめることが嗜癖になり，自らの力だけではそこから抜け出せなくなっている子どももいます。被害者の中には，ここで起きたひとつのいじめエピソードが解決したとしても，回復できない蓄積された複雑なトラウマを抱える子どももいます。そこで必要になるのが「治療」という介入です。

　いじめの指導・支援・援助・介入は，このように「守ること」「育てること」「治療すること」で構成されると心得ておくとよいでしょう。このとき指導や支援にアイデアを提供してくれるのが，Ⅱ章・Ⅲ章で述べた応用行動分析モデル，認知行動療法モデル，ストレスモデルで捉えたいじめ発生のメカニズムや予防的介入の手法です。ここでは，「加害者」「被害者」等対象ごとに，短期・中長期など時間軸に従って指導と援助の要点を述べますが，有効な対応を検討する際には適宜，いじめ発生のメカニズムや予防的介入の発想を参考にしてください。

(1) いじめを受けた児童生徒へ

ア．短期的ポイント

　短期的な目標は「守ること」です。事実としてのいじめの収束はもちろんですが，被害児童生徒に安心感を提供することが学校の責務です。安心感は教師の考える「安全」とは異なるものです。もう被害にあっていないのだから安心なはずだという思い込みは，「守ること」の真逆にある態度です。「守る」とは，怖さや不安など未来に向けた否定的感情を理解し，支えることです。加害児童生徒は自分のことをどう思っているのか，いじめが明らかにされたことについてどう感じているのかという不安ばかりでなく，周囲の友だちは自分のことを弱い人間だと思っているのではないないか，さらに，自分は大人の助けがなければ自らを守れない弱い人間なのではないかという思いなど，被害児童生徒が扱わなければならない否定的感情はたくさんあります。しかも，感情は固定されておらず，同じ子どもであっても，日々異なる否定的な感情に苛まれるものです。「守る」とは，これらの怖さや不安について一人で考えさせることを一時中断させ，支援者がともに取り組むこと

を指します。その具体的な第一歩は，被害児童生徒の怖さや不安を彼らの理解の枠組みを用いて聴き取ることになります。客観的事実の軽重にとらわれることは失敗につながります。ここでポイントとなるのは，聴き取ることに加えて，教師が理解したことを子どもに伝え返すことです。理解されているという実感は，子どもに主観的な安心感を提供します。

　教師は毎日，児童生徒と一緒にその日の状況について確認をします。そこで確認されるのは，まず事実としての安全ですから，侵入的な問いかけにはなりにくいものです。その安全の確認の上に立って，子どもの主観的な恐怖や不安，さらに少し感じられるようになった安心を聴き取り，伝え返す機会とします。多くの場合，帰りの会終了後などがよい機会となります。

　この毎日の確認は，本人が健康であれば，本来は自身で自覚してできるものですが，強い被害感情がそれを邪魔している状況では，教師がその作業を手伝うイメージで行うとよいでしょう。健康度が高まるにつれて，次第に子どもは自力で安心を保持できるようになっていきます。1週間毎日，安全が確認でき，安心が保持できるようになったら，その間隔を3日に一度に広げていく，という具合に，徐々に回数を調整することで，自ら健康度を保持できるように支援するのがコツです。

　これらの作業を順調に行うためには，あらかじめ「いじめを行った児童生徒からの止めるべき具体的な行為」を確認しておくことが重要となります。「もう嫌な思いをしない」というような曖昧な目標では，本人が緊張したり嫌な思いをするたびに，「いじめられた」と訴えることになるでしょう。なかなか改善されない状況に，保護者の不安もいっそう募っていき，被害児童生徒本人も安心を保持する努力をしづらくなってしまいます。

　確認すべき具体的な行為としては，「たたかない」「死ねと言わない」などが代表的なものです。これがなければ安全が確認され，安心を保持しやすくなるという「解決」を実現させるための約束です。暴力のあるいじめでは具体的な行為を確認しやすく，加害児童生徒との約束も比較的容易ですが，暴力のないいじめでは確認すべき具体的行為を定めることが大きな課題となります。「無視された」の対極は，「無視しない」ではありません。「あいさつする」など，加害児童生徒が何かを「する」という目標に変換させることが大事です。

　しかし，この時期はまだ被害児童生徒側がその行為自体を受け入れがたく，また，その曖昧な目標を探索すること自体が耐えがたいものです。そこで次善の策となるのが，教師による十分な理解と伝え返しです。自分の感じている怖さや不安が理解されているという実感が，被害児童生徒の安心感につながります。加害児童生徒との間ではなく，教師との関係で安心感が獲得される仕組みだと覚えておくとよいでしょう。

　同じ意味で，加害者，被害者が同じ教室の中で学習することは，具体的な行為のあるなしにかかわらず，被害児童生徒にとってはいたたまれないものです。たとえ安心のために講じられる策がなかったとしても，教師の受容はこれを補うことになります。具体的には，被害児童生徒の心情を少しだけ先回りして汲み取り，その子が安心して授業を受けることができた時間を確認し，安全の実感と安心の感情を子どもの理解に編み込むことです。「久しぶりに安心して授業が受けられたね」「それはホッとすることだったんだね」という理解の伝え返しが有効になります。言うまでもありませんが，子ども側の理解が全くそこに至っていない場合には，教師からの押し付けと解釈され，むしろ不満を大きくさせてしまいます。

イ．中長期的ポイント

　社会はいじめられた子どもを徹底して守るということに対して疑問を抱いていませんが，守るとは，守られることばかりを指すのではありません。自らを守れるように成長させることも，守ることに当たります。そもそも子どもが自ら訴えることをしなくても，周りの大人がいじめられていることを素早く察知して，周囲から隔離し，その主張を代弁してあげ，安全を図るばかりでいたら，高校を卒業するときにどのような青年に育つのでしょう。いじめ対策は，自らを取り巻く課題を何ひとつ解決することができない人間を育てようとするものではありません。被害を訴えることができたり，自ら関係を調整することができたり，課題をふさわしい大きさで評価することができたりする力を育てることが，次のトラブルから子どもを守ることになります。このような論点で話をすると，被害者にも反省すべき部分があると言っているように捉えられることもありますが，ここで述べているのは，子どもの成長のための話であり，非を責めるものではありません。

　いじめ直後の混乱から回復できた後にまず取り組ませたいのが，今後「いじめられた」と感じたときの具体的で有効な対処行動を考え，練習をさせることです。当該児童生徒が工夫できること（実際にあったときにどうするのかなど）を増やしていきます。例えば，プロレス技をかけられても何も言わずに笑うという対処行動をとっていたのなら，「痛い」「嫌だ」と言えるように練習します。「つらかった」「痛かった」と，まず教師に，次に相手に言えるようになるなど，自分でできる少しの工夫から始めることが大切です。当該児童生徒が「こう言ってみようかな」と話したら，「試しても試せなくても結果を教えて」と言い，次の支援につなぎます。試すことができたら，「どうして試すことができたか」を確認し，試すことができなかったら，「どうしたら試すことができそうか」を確認します。

　しかし，誰もがこのように行動に移したり，試みたりできるものではないでしょう。加害者となる児童生徒に「嫌だ」「止めて」と言えない子どもも決して少なくありません。このようなときに必要な対処行動は，直接相手に言うことではなく，周囲の人に助けを求めることです。それは，単に「困ったら助けを求めましょう」というのではありません。教師，保護者，警察など周囲の大人に自分がどうすべきかを相談することです。助けを求めるという抽象的な行動をどのように具体化したらよいのか，子どもにはまだわからないでしょう。前回と同じようなことがあったとき，例えば，教師に対して「友だちのことで困りごとがあります」などと言えるように，具体的なセリフのレベルで教えることが大切です。それは小学生に限らず，たとえ中高生であったとしても同様です。援助を求めるための行動をとることは，解決のための第一歩を自らの手で成し遂げたことでもあります。すべてを自力で解決しなければならないという誤解を解消するとともに，自らの問題を自らの力で解決しようとしているという自覚を持たせることが大切なのです。

　さらに，この「育てる」段階では，本人にも保護者にも少しつらい経験を強いる場合があります。いじめは今日，苦痛を基準に捉えられることになっていますが，人の苦痛の基準は一様ではありません。いじめられたとされる被害児童生徒の中には，しばしばその基準が他の児童生徒と異なり，苦痛を感じやすい特性をもっている子どももいます。教師には不興を買いがちな特性ですが，それは個人の特徴であり，本人が悪いわけはありません。しかし，多くの子どもが社会性を身につける過程で他者との行き違いを受け入れられるようになるのと同様に，当該の子どもにも課題を適切な

大きさで見られるように手助けすることが、この段階では重要になります。本人や保護者には、自分たちが大げさに言っていると非難されているように聞こえる可能性があることで、つらい指摘でもあります。この点を十分に考慮しながらも、課題の評価を適切に行える力を身につけさせることが、中長期的なポイントとなります。

「ストレスモデル」の解説（p. 41 参照）で紹介したように、課題の影響性を過大に評価すると「いじめられた」と捉えやすくなり、それは本人の生きにくさにもつながります。例えば、いじめ問題の中でしばしば指摘される「悪口」について、実際の社会では誰もが愚痴やぼやきの形で他人の悪口を言っているものです。悪口を言われ、いじめられたと苦痛を感じる子どもが「自分も悪口くらい言うから、まぁいいか」と捉えられるようになるのは、鈍感になったのではなく、事実の受け止めが上手になり、適応的な考え方ができるようになったといえます。同様にトラブルについても、解決の見通しを持つことができれば、課題が必要以上に大きく見えることはありません。例えば、友人とトラブルになった場合でも、「明日、仲直りすればいいか」と理解できる子どもには課題が適切な大きさに見え、適応的な考えや行動をとることが可能になります。このような認知行動療法的な介入をすることが、この時期の教師の役割です。

しかし、この中長期の取組は、被害児童生徒に「強くなれ」というものではありません。中には、これまでの多くのトラウマティックな体験が蓄積され、刺激に対して敏感になり、物事を否定的にとらえざるを得ない状態になっている子どももいます。上記のような認知的な取組は、日常生活での体験や実感を通して、自然に適応的になれることを意図したものですが、蓄積されたトラウマを抱える子どもには特別の介入や、ときには医療的な治療が必要になるでしょう。子どもの不適切な理解は必ずしも子どもの性格に由来するものではなく、トラウマティックな体験の繰り返しの中で形成された可能性があります。学校がしばしば経験する、加害を繰り返しながら同時に被害を訴える子どもの中にも、このような課題を持つ子がいることを理解しなければなりません。ここで必要になるのは心理職や医療との連携です。

いじめの行為から時間が経つと、子どもたちは比較的平常を取り戻したかのようになるものですが、内的な葛藤が解決されているとは限りません。教師は、「もう大丈夫でしょ」「もう怖くないでしょ」などと軽々しい反応をしていないか、自己点検をしましょう。初期の取組で行った、子どもの怖さや不安を聴き取ることは、この段階でも依然として大切です。同時に、聴き取るべきことは否定的な感情だけではありません。上で述べたような適切な対処行動や援助要請行動がとれるようになったこと、さらに、理解の仕方が変わり、柔軟な視点で世の中を見られるようになったことなどの肯定的な変化を聴き取ることも、この時期の大切な課題になります。そして、否定的なことを聴き取るときと同様に、子どもの工夫や努力について理解していることを伝え返すことが一層重要になります。本人がまだ十分には理解していない有益な変化を言語化することで、定着を促す取組です。

(2) いじめを受けた児童生徒の保護者へ

ア．短期的ポイント

被害者の保護者は、学校から正当に扱ってもらえているかどうかをとても気にしています。学校

がいじめを認定し，単なるトラブルでなく，わが子が被害者としての地位を確固たるものとしているか，学校の対応を注意深く見極めようとしています。別の言い方をすれば，学校が子どもをきちんと守ってくれるかという心配であり，姿勢だけでなく具体的な方策を用意しているのかを問うているということです。さらに，保護者の要求には，子どもの受けた被害を理不尽なものと捉え，それに見合う仕返しを求める側面が垣間見えるものです。いじめ発覚直後の対応では，これらの保護者の願いの各側面を仕分けることが必要になります。落ち着いて対応するためにも，学校には冷静な判断が求められる一方で，保護者の「わが子を守ってほしい」という本来は素直な願いが，ここでは否定的・攻撃的に表現されているという視点をもつことも覚えておくべきです。

　誰が保護者に対応するのか，学校として方針を統一する必要があります。これは，教職員間の対応の矛盾により事態を混乱させることを避けるための方略でもありますが，本来は心配や不安に耐えながら，わが子を守るための方策を学校と調整しなければならない保護者の負担を軽減し，学校との疎通性をよくしようとする工夫です。重篤な課題を伴う状況では，担任以外の担当者をおくことが組織的な対応を印象づけ，事態の改善につながることがありますが，比較的単純な状況では，子どもに直接介入できる担任が保護者対応に当たることが安心感につながります。その最初の選択が，いじめ対応の全体像を構成する一歩となります。

　いじめだと確定された後，保護者との最初の面談で行うことは，心配や不安を支持的に聴き取ることです。それは，納得し引き下がってもらうための介入ではありません。保護者の不安や心配は，保護者のニーズそのものであり，子どもの理解や対応のパターンを熟知している保護者から提供される解決のためのアイデアでもあります。そのニーズに応えるよう情報を整理しながら，今後の学校の方針と対応を伝えます。このとき保護者が求めるのは，どのように安全を確保し子どもを守るのかという点と，加害児童生徒がどのように処遇されるのかという点に関する学校の対応です。前者については，学校がいじめを受けた児童生徒本人・いじめを行った児童生徒に何をするのか等，問題解決に向けた学校の方針や具体的な取組を伝えます。後者については，加害者となった児童生徒の行動の具体的な変容目標を伝えます。それは加害者に課せられた課題です。課題は個人情報と異なり，伏せる必要のない情報となります。また，次回の連絡日を明示することで，保護者は担任に話をする機会が得られることがわかります。担任にとっても，本人の家での様子を聴ける機会になります。ここで重要なのは，次々と新奇性のある対応をひねり出すことではなく，全体計画が順調に具体化され，進捗しているイメージを提供することです。

　そのように対応しても，保護者側の心配がぬぐえないことがあります。この場合，保護者の心配や不安を十分に聴き取れていないことが考えられます。学校側はいかに熱心に取り組んでいるのかを説明しがちですが，まずは再度，保護者の心配や不安を支持的に聴き取ることです。以前は語られなかったニーズをここで聴き取ることができれば，心配の解消につながります。そして，当面（例えば，1週間），どういう状況になったら解決と見なすかを確認します。「不安でない状況になること」のように抽象的な内容だと，明確なゴール像は共有できません。「安心できる」ための状況を考える際には，いじめを行った児童生徒の行動の改善を念頭に置き，彼らができること，例えば「無視をした」という事例であれば，「朝，教室であいさつをする」などを具体的な目標として設定するとよいでしょう。

また，保護者の訴えに対して，安易に不確定な情報を伝えたり誤った発言等をしないように注意します。得られている情報の中で，確定した情報と不確定な情報を区別し，今後の支援について伝えます。「全面的に守ります」という言葉は慎重に使うべきです。この表現に対し，保護者は子どもの心情が回復することを期待します。言い換えれば，児童生徒が「怖い」と言う限り，「いじめられている」という認識が継続することになります。

　このように，保護者のニーズを聴き取り，これに応える形で学校の方針を理解してもらうことは，とても複雑な作業です。電話では言葉の受け止め方に誤解が生じやすく，お互いの意図が通じないことがありますので，直接会って対面で話しましょう。家庭訪問はその有効な手段のひとつです。原則として複数の教師で行います。複数での対応はトラブルを防ぐための工夫と言われることが多いのですが，支援のためにも有効な方法です。教師は学校の方針を伝えようとするとき，自分が理解していることは保護者にも理解できるはずだと思いがちです。学校側が伝えきれているか，保護者のニーズを聴き取れているかを冷静な心持ちで観察する随伴者が必要になります。進行役と観察役をおくことは学校が行う心理的支援の定石です。

イ．中長期的ポイント

　いじめられた児童生徒の支援に関する中長期的ポイントはすでに述べたところですが，守られるべき被害者にも変わらなければならない点があることを理解してもらうのは容易ではありません。いじめられたときの有効な対処行動や，人間関係のトラブルを過大に評価する思考のパターン（認知的評価）を指摘することは，保護者にはいじめられた側にも悪いところがあったと言われているように聞こえることでしょう。保護者には小さな望みと大きな望みがあるという理解が大事です。小さな望みは，徹底してわが子を守ってほしいという願いです。同時に保護者は，課題解決能力を備えた大人に成長してほしいという大きな望みを持っています。短期的支援で前者の望みに応えることができた学校は，この中長期的支援では後者の大きな望みに応えるため，どういう人間に成長してほしいかを保護者と確認する必要が生じます。そして，トラブルに巻き込まれないための対処行動に関する支援について，一緒に考え，学校と保護者のそれぞれが行うことを確認します。

　ただし，認知的評価を変えようとすることは容易ではありません。人間関係のトラブルの影響性を過大に評価するクセや，トラブルを解決できないという見通しのなさは改善のターゲットではありますが，しばしば成功しないものです。この場合，目標とすべきは認知的評価を変えることではなく，影響性や解決の見通しが否定的になりがちな思考パターンを自覚してもらうことです。トラブルを経験したとき，いつものクセで必要以上につらくなっているのかもしれないと思えるようになることを，この時期の目標のひとつとして保護者と共有できるとよいでしょう。

（3）いじめを行った児童生徒へ
ア．短期的ポイント

　いじめを行った児童生徒がまずしなければならないことは，行為を止めることです。「いじめの意図がなかった」「悪気はなかった」ということは聴き取る必要すらないレベルの言い訳だと理解しましょう。意図・悪気のあるなしにかかわらず，その行為はいじめだと指摘し指導することが大

切です。子どもが意図や悪意のなさを強調する場合には，今ここで，それがいけない行為であることを理解させることになります。しかし，これまでの間に，いじめていても罰を受けないことを学習していますので，それは容易なことではありません。本人は悪意がなければ許される，このくらいのことは許されると，自分に都合よく解釈しているので，まず，社会が考えるいじめの基準を理解・習得させることが最初の取組となります。

　本人に反省が見られたとしても，それでいじめを止めたと見なすのは性急です。実際は，止めようとしても，つい選択を誤っていじめをすることに戻ってしまうこともあれば，すでに習慣化され嗜癖となり，本人の意図にかかわらず止められない状態に陥っていることも少なくありません。反省の有無ではなく，その児童生徒がいじめで何を得たかったのかを見立てることが大事です。それは気分転換であったり，安全の確保であったりすることはすでに述べましたが，行為を止めさせるには，その得たかったものがいじめ以外の方法で得られることが必要になります。

　得たいものを得させるという方略が，甘やかしと理解されることも少なくないのですが，教師が手伝って得させるのは，短期的支援の時期に限られた取組です。将来的には，得たいものを自力で合法的に獲得できるようになることが目標となります。また，ときには行動分析などの心理的な介入に留まらず，医療的な治療が必要になる場合もあります。

　いじめを行った複数の児童生徒を一括りにしないこともポイントです。いじめに関わった児童生徒ごとに，欲しいものや得る必要のあるものが異なるからです。いじめを行っていた意図はそれぞれ異なるのです。グループの中にも主従関係が存在する場合があります。いじめには本人の意図に反して何かをさせられる，使役という側面がありますが，ときには加害側の中にこの使役の構造が含まれ，意に反していじめをさせられている子どももいます。この場合，いじめの加害者の中にいじめ加害被害関係が含まれていることを認識したうえで指導する必要があります。

　いじめを許さないという態度を示すことは，いじめを行ったとされる児童生徒への配慮の観点からも重要です。いじめが発覚した後は，場合によっては，加害者が地域や社会の厳しい非難にさらされることもあります。噂や誤解というレベルに留まることなく，ネットへの書き込みなど，空間的にも広域で時間的にも永続的な中での人権侵害に発展することさえあります。加害者側にいじめを止めさせると同時に，加害者側をいじめから守らねばなりません。短期的な対応では，加害者に対しても被害者としての人権は守るという姿勢が大切になります。また，加害者側の学習の権利を保障することが結果として人権を守る学校づくりにつながります。こうした姿勢がなければ，加害者の保護者の理解や協力を得ることも難しくなるでしょう。

　得たいものを得ようとする手段として，いじめ以外の方策を取らせるために有益なのは，その方策がもはや使えないものであると学習させることです。「罰」はその代表的な手法です。罰でいじめが解決されるのではなく，罰でいじめという選択を阻害するという発想です。義務教育学校に通う子どもへの出席停止措置や，高等学校・特別支援学校高等部の生徒を含めての懲戒は，本来の目的はともかくとして，その意味で有効です。特に高等学校等における懲戒（戒告，謹慎，停学，退学）は，大きな影響力を伴う措置です。高等学校が懲戒権を適切に行使するために行う丁寧な事実確認や，懲戒権を背景に徹底して行為を制止しようとする姿勢から，義務教育学校は多くのことを学ぶべきでしょう。

しかし，罰は暴力のあるいじめに対して有効である反面，暴力のないいじめには力を発揮しにくいという側面があります。懲戒のみに頼ったいじめ対策は，しばしば複雑ないじめ事案では崩壊します。暴力のあるいじめ対応が得意な高等学校も，暴力のないいじめにはその対応に消極的な様子が見られます。極端にいえば，「罰することができないから指導もできない」という考え方です。罰は指導・援助の選択肢のひとつにすぎません。暴力のないいじめの場合は特に，いじめによって得ていたもの，得たがっていたものを点検することが重要になってくるのです。

イ．中長期的ポイント

いじめによって得ていたことの確認は，短期的支援の時点から始めなければならないのですが，行動療法的な介入に不慣れな学校では，有効な行動分析ができない場合も少なくありません。このようなときは，加害者側の行動の修正のために，中長期にわたる支援が必要となります。

いじめ行動がなぜ生じたのかを考えます。いじめを誤学習の結果と捉えて，あるいはストレスへの対処行動の失敗と捉えて，いじめを行った児童生徒が何を欲しかったのか，何を得ようとしたのかを検討します。その欲しかったもの，得ようとしたものを社会的に認められる方法に置き換えることを支援します。つまり，いじめ以外の選択肢を考えさせ，いじめ以外の行動を学習させることです。このような分析が教師だけで進まないときは，心理職に加わってもらうことが有効です。スクールカウンセラーは行動療法に精通した心理職です。いじめ問題ではスクールカウンセラーを被害者のケアに活用しようとすることが多いのですが，ケアについては日常的に接触する教師が行うほうが効果的であったりします。スクールカウンセラーはむしろ，加害者の行動分析に活用するという発想が求められています。

退屈だからといってからかうような行動をする児童生徒には，暇な時間を作らせないように興味関心を引いたり，リーダーシップを発揮しやすい状況を設定して他者からの賞賛を得やすくするなどの対応を取ります。それはからかいによって得ていたものを，社会的に認められる方法によって得られるようにする取組です。このような視点で加害児童生徒を支援しようとするとき，できないことに注目したり，担任教師など限られた支援者の発想に頼ると隘路に陥りがちです。すでにできていることに注目し，学校内外の，また，本人内外の援助資源（子ども自身が得意なこと，子どもにとっていいことを増やせる人など）を活用することが，プログラム作成のコツとなります。

(4) いじめを行った児童生徒の保護者へ
ア．短期的ポイント

自分の子どもがいじめをしていたことがわかった保護者は，今後の不安から，教師や被害者側の保護者・子どもと張り合おうとすることがあります。いじめと判断されたとき，保護者に対して責任追及をするのではなく，子どものために何ができるのかを考えようとしていることが伝わることが重要です。このあと自分が何をすればいいのか，保護者が具体的に理解できることが協力を得られる前提になります。これが伝わらないと，「うちの子は悪くない」と，いじめそのものを認めない，あるいは「うちの子もいじめられていた」と全面的に対決してくるでしょう。同時に，被害がさほどでないときや，被害者から責められることはないとわかったときは，学校と話をするのが面倒に

「見ていただけ」という主張　　コラム **12**

　いじめ事案が発生し，加害者グループのメンバーとされる児童生徒とその保護者を学校に呼び出し，面談をすると，保護者から「うちの子は見ていただけで手を出していない」と主張されることがあります。学校にとっては言い訳に聞こえますが，本人や保護者は真剣です。あるいは，学校で本人と直接話したときには反省の言葉を口にしていたのに，帰宅後，保護者に連絡すると事態が一変していることもあります。このときも学校は「本人が都合のよいことだけを話して保護者がそれを信じているからだ」と嘆くことになります。

　しかし，このようなケースでは，多くの教師がその加害者メンバーとされる児童生徒に「そのとき何をしてほしかったのか」を明確にしないまま，ただ叱るために本人と保護者を呼び出しているのです。例えば，実際に暴力を振るった加害者の傍らで何をすることを，教師は求めているのでしょうか。友人が行ったその行為を止めなければならなかったのか，その場を離れなければならなかったのか，さらには教師に状況を報告しなければならなかったのか，教師自身がこの指導で理解させるべきことを整理していないのです。止めないことも，その場を離れないことも，報告しないことも，改善してほしいことではありますが，叱るべきことだと本当に教師は思っているのでしょうか。

　もちろん暴力をふるった加害者の傍らにいる児童生徒は，被害者にとっては威圧的で苦痛を感じさせたのでしょうから，指導の必要がないとはいえません。保護者を呼び出す必要がないとも思えません。それでも，その場面で何をすべきだったのかということと，何をしてほしかったのかということは，区別されるべきでしょう。「すべき」という表現で，一方的に価値観を押し付ければ，保護者は反論したくなります。教師が「願い」という形で思いを伝えれば，たとえ保護者と価値観が違ったものであったとしても，それはひとつの考えとして受け入れられやすくなります。「児童生徒が家庭に帰って都合のよいことだけを言う」と教師は思いがちですが，人は誰でも自分の世界から見えていることを話すのです。学校では教師の価値観を受け入れ反省をします。帰宅後は家庭という守られた環境に戻り，保護者の価値観を受け入れ，話せることが変わります。それは児童生徒が嘘をついているわけではないのです。もし，教師が「すべきこと」ではなく，望ましい成長像を提案することができれば，本人にとっても保護者にとっても教師の主張の耳障りは少し良くなるでしょう。それは教師が家庭におもねることとは異なります。変わるべきは児童生徒，保護者ではなく，「べき」を教えているのか，友人の非を止められるようになるなど成長像を指し示しているのか，整理できていない教師のほうかもしれません。大人にとっても傍らの同僚や上司の非を止めること，その非を然るべき機関に通告することは，容易なことではありません。容易でないことを責められたとき，人は反論したくなるものです。

106

なるものです。保護者が「親からきっちり言い聞かせます」と言う場合，学校から責められているように感じて，「この場を離れたい」と防衛的になっている可能性も考えられます。

　次に教師が行うことは，保護者に中長期的な支援のための協力者になってもらえるかどうかの検討です。ここでは，保護者を指導したり（叱ったり），子どもへの指導をお願いしたりするのではなく，学校の支援方針に協力できるかどうかを見立てます。

　どんなに丁寧に説明しても，加害者の保護者は防衛的になるものです。そのときの要点は客観的事実を伝えることです。その上で学校の判断基準を示します。いじめと判断されるのであれば，「この行為は，『いじめ』と判断しました」と，行為をもとに説明をします。行為を示さず，「いじめました」と伝えると，「うちの子は，いじめはしていません」と返されて，話がこじれてしまう可能性があります。あくまでも，「この行為について，容認できません」という指導をします。いじめは評価的な言葉であることから，保護者は過去の子どもの経験の中から，苦痛を感じていたことを探し出して「うちの子もいじめられていました」というように，それを主張するでしょう。一方，具体的な行為については，事情はさておき，保護者もわが子にそんなことをするような人間になってほしくないと率直に思うものです。例えば，いじめられ続けた子どもが仕返しとして，相手の机に大きく「死ね」と彫ってしまったとき，「いじめをした」と責めてしまうと，保護者は「うちの子こそ，ずっといじめられてきた」と反論するものです。このようなときでさえ，「許すことができないできごとがあっても，人の机に『死ね』と彫るような人間にはなってほしくない」という説明に，保護者は同意するものです。

　いじめを行った児童生徒が複数の場合でも，各保護者と個々に話し合いを持ちます。保護者を一斉に集めると，防衛的なまとまりになってしまい，本来必要な子どもへの支援ができにくくなります。保護者同士が連絡をとりあって，「以前，いじめられたから，お互い様だ」「いじめられるほうにも原因がある」「先にやったのは，あっちのほうだ」「子ども同士のよくあることでは？」など，学校の判断を否定することもあります。また，個々に違う理由でいじめを行っていた場合（例えば，「おもしろいから」「仲間はずれにされるから」「みんながしていたから」など），いじめ行為が止まったあとの中長期的な支援計画もそれぞれ異なります。したがって，保護者への対応は当初から個別に行うとよいでしょう。

　保護者担当を決める際は学校内で検討しますが，いじめの軽重によっても，関わっていた人数によっても，さらには措置の厳しさによっても変わってきます。懲戒権を行使する場合には，校長から淡々と言い渡しをするのがよいでしょう。本人の反省や今後の行動については，担任，学年長，生徒指導主任の中から，校内の資源や本人の課題と照らし合わせてコーディネートする必要があります。保護者には，いじめが止まらなかった場合の学校の指導方針をあらかじめ説明しておきます。本人同様に保護者にも，どのタイミングで誰が児童生徒に指導を行うのか，どのような基準でどのような指導になるのかなど，指導の段階とその方針・基準がわかるように説明します。これは保護者に展望をもってもらうためのもので，決して脅したり不自由にさせたりするものではありません。

イ．中長期的ポイント

　今回のいじめが，例えばストレスへの対処行動の失敗であると考え，それを修正し，適切な方法（行

為）に変換させる支援を検討します。また，家庭環境や学校環境の中で，過度にストレスフルな状況になっていないか，ストレッサーに対する認知的評価に歪みがないかを点検することも，この時点で必要になります。さらに，被援助感，つまり，周囲の人物から援助されているという実感など，本人のストレスマネジメントを機能させるリソース（資源）の状況についても確認しなければなりません。

　このとき，家庭は資源になると同時に，ストレッサーにもなりうることに注意する必要があります。本人に負担を与えているものが，虐待であったり，きょうだい間の葛藤であったり，親からの過剰な期待であったりする場合も少なくありません。これらの中には，児童生徒本人が家庭環境の理解を改めたり，改善したり，工夫すべきものもあります。しかし，例えば虐待は本人が乗り越えなければならないストレッサーではなく，社会に守られなければならない，排除されるべきストレッサーです。このような場合は学校側の努力だけでなく，福祉関係機関との連携が必要になります。きょうだい間の葛藤をはじめ個人が乗り越えなければならないストレッサーであっても，すでにその処理に失敗しているのですから，本人の努力に任せるのではなく，当分の間，ストレッサーを軽減させる手助けが家庭には求められます。

　一方，家庭は，本人が効果的なストレスマネジメントを行うための資源として非常に有効です。学校との協働の中で家庭では何ができるのか，保護者と打合せることが必要になります。例えば，人から注目してほしくていじめをしていた子どもの場合，学校生活で認められることが少なかったからではないかと考え，学校として「具体的にできていることや，成果があがっていなくても本人が意識して努力していることをほめるようにします」と伝えたうえで，保護者に「何かほめてあげられることはないですか？」と聴き，目的と双方の対応を確認します。

　子どもが不適切な行動をするときの理由は認められたいからだけではありません。例えば，「面白いからいじめた」という場合，「面白いことがほしい」のだと見立てます。もちろん，いじめにかわる面白いことを提供することは，本来，家庭の役割でも学校の役割でもありません。とはいえ，何が自分の気分転換になるのか，それをどのように手に入れたらよいのか，子ども一人で整理し，発見することは難しいものです。日常の観察から，本人のわずかな工夫や肯定的な反応を見いだし，家庭と学校で情報交換をしながら，その量を増やし，質を高めることが，本人が行うべきマネジメントの手助けになります。

　保護者との協働を保つために，支援の経過について定期的に連絡をとり，当該児童生徒のできていること，課題と考えられることを確認します。この連携は監視することではなく，「育てる」ための取組なのです。

　このような取組をしても，児童生徒の逸脱や攻撃など反社会的な行動が収まらない場合もあります。家庭と学校ができる工夫をした後に，さらに不足するものがあれば，医療的援助を活用することを検討しなければなりません。加害者と呼ばれる児童生徒側には，重篤で複雑なトラウマ体験があることも珍しいことではありません。また，発達上の課題から，過度なストレッサーを経験し，それを歪んだ認知で処理している例もしばしば見られます。本人の努力，家庭，学校の工夫に加えて，医療による複雑性トラウマや発達上の課題への介入も，加害者の適応に有効です。

（5）周囲の児童生徒へ

「いじめの4層構造」[2] という言葉があります。いじめられる子，いじめる子，はやし立てる子，そして，傍観者の4層です。いじめが集団の中で深刻化し維持される仕組みを社会学的に捉えた有効な概念です。しかし，教育実践や心理臨床の場面でこの考え方を用いることには，危険な面も少なくありません。すでに述べましたが，いじめる子の中には，いじめることが目的ではなく，いじめる側の集団にいることが目的である子もいます。様々な理由でこの集団にいる場合があり，単純に「いじめる子」と捉えると，有効な選択ができず支援が一面的になる可能性があります。同様に周囲で何もできなかった，しなかった子どもを「傍観者」として一括りにすると，支援の糸口を失うことになりかねません。

「傍観者」が傍観していないことは，Ⅳ章「いじめの発見」で触れたところですが，「いじめへの対応」でもこの理解は重要です。集団の中でいじめがあった場合，子どもたちは居心地の悪さを経験します。助けてあげたいという善意を行動に起こせない中で，無力感を経験すると同時に，罪悪感も生まれます。無力感や罪悪感，居心地の悪さを経験した子たちを何もしなかった傍観者として捉えるということは，彼らの心情を無視するものです。しばしば彼らは規範意識の不足のために，被害者を助けられなかったり，教師に情報提供できなかったりしたのだと理解されますが，そうではなく，彼らが行動を起こせなかったのは，あと少しの勇気が足りなかったと解釈するほうが真実に近そうです。指導の点から考えても，足りない規範意識を新たに植え付けるよりも，すでにあった「止めたいけど止められない」「言いたいけど言えない」という葛藤を支え，躊躇を扱い，4対6でできなかったことを6対4の迷いに変えさせ，行動化させるほうがはるかに現実的です。教師は，子どもの規範意識のなさを責めるよりも，葛藤や躊躇に気づけず，勇気を支えることができなかったことを率直に詫びたほうが，子どもたちにとって有効な支援となるはずです。

傍観者の立場にいながら，心を痛めていた子どももいます。「なぜ先生は気づかないのか」と感じていた子どももいるかもしれません。そのような中で，教師の指導が，「見ていた者も同罪だ」「クラスメートを見捨てた」などと正義を振りかざすような表面的な説論や感情的な主張に終始すれば，児童生徒の心に届くことはなく，結果的に子ども自身の主体的な解決能力も育まれないでしょう。

ア．短期的ポイント

まず学級全体に，集団の中でいじめという行為があったことを伝えます。このことは，いじめの基準（トラブルの水準）を教えるチャンスになります。同時に，いじめであったことを伝えることによって，躊躇していた子どもの善意に報いようとする取組でもあります。自分が見ていたことが教師によって「いじめ」と認定されることで，子どもは，あのとき「止めよう」「言おう」としたことは当然のことで，正しいことだったと理解し，自分の判断力を承認することができます。そして，同じような課題が集団に生じたときには，躊躇なく行動してよいのだと印象づけられるでしょう。例えば，「みんなも本当は，言いやすい雰囲気だったら言えたし，先生が話を聞いてくれそうだったら，言ってくれたんだよね。言おうとする気持ちとためらう気持ちとは0：10ではなく，1とか2とか3とか4とか…あったんだよね。でも，クラスの中で起こったこのことは『いじめ』であって，許されないことだから，次は先生に教えてほしいな」というように，児童生徒を尊重した言い方を

します。あるいは,言おうとする気持ちが4:6の「4」で言い出せなかったのだと捉えて,その「4」の部分に触れるように話します。

それにより子どもの善意や正義感が賦活されたのであれば,次に重要となるのは,いじめを行った児童生徒へ制裁を加える行為を禁止することです。反省している加害者を集団から排斥することは新たないじめであり,許されない行為であることを理解させます。インターネット上で,誹謗中傷の記事を書くこともいじめになると伝えましょう。

いじめをした人間と傍観者の間に,「はやしたてる子ども」がいます。はやしたてる行為は,いじめを助長していることから社会的に許される行為ではなく,いじめを行った児童生徒と同じように指導すべきだと考える向きもあります。正しいことを伝えれば子どもたちがすべて適応的に成長する,というのであれば,この方法は有効でしょう。しかし,中にはこのような建前による指導では変われない子どもたちも少なからずいます。

そもそも,はやしたてた子どもも加害者であるという理解は,当人の葛藤や躊躇を無視した教師の思い込みにすぎません。現実のいじめの場面では,子どもはいじめられる側に立つか否かの判断を迫られています。自らの身を守るためには,いじめる側に敵意がないことを示す必要があります。しかし,彼らはいじめをしたいわけではありません。このようなとき,いじめに加担はしないけれども,いじめる側の敵でもないことを明示するために,はやしたてるなど同調する方法をとるのです。自身は安全な場所にいて,事態が収まってから事案を評価する教師にすれば不正義に思えるのも当然ですが,渦中にいる子どもたちにとって,はやしたてる行為は教室で生き残るための工夫でもあります。叱ることで正義に導こうとするのは,彼らにとって有効な方法とはいえないでしょう。彼らの誤った工夫に対して,支持的な態度を取る必要はありません。教師が心がけたいのは,彼らがどのような工夫をしたのかを丁寧に聴き取り,ほかによい方法がなかったかを点検する作業に根気強く付き合うことです。

ところで,加害者,被害者だけでなく,傍観した子どもにも,はやしたてた子どもにも保護者がいることを忘れてはなりません。保護者は子どもを教育するパートナーであると同時に,学校の対応を点検する監査役でもあります。学校で起こったことを伝え,どのような行為がいじめに当たるかを説明する取組を行いましょう。実際に説明会を開き,説明する内容を精査しようとすると,それが意外に難しい取組であることがわかります。学校が何をいじめと呼ぼうとしているのか,今回の事案のどこに問題があったのか,そして,加害者やはやしたてた子どもや傍観者以外にも,教師や学校にどのような不足があったために問題が防げなかったのか,これから新たにどのような対策を打とうとしているのかを説明しなければなりません。それは,保護者に対して説明するという体を取った自己点検です。その過程においては,自らの意思を定めることなく,子どもや保護者にいじめ防止を求めることの愚かさを実感させられることでしょう。この取組を実際に行って初めて,教師と保護者が同じ視点で子どもを見ることが可能になります。同じ基準を持つことが行動連携につながります。

イ.中長期的なポイント

「いじめの4層構造」が指摘する,いじめを継続させるという傍観者の機能にも注意を払わなけ

ればなりません。いじめを防ぐには，それが生じかけたときに放置せず，行動を起こすことが必要です。何も言えなかった，何もできなかったとされる傍観者もまた，加害者，被害者，仲間たち，教師に働きかける能力が十分でなかったと考えます。当該のいじめの問題がひと段落したところで，彼らにも，意図を上手に伝え，他者に働きかけて現実を調整するという能力を獲得させる必要があります。それは，個々人の社会的スキルの課題として捉えると同時に，学級経営という集団に注目した視点からも考えなければならないものです。

　一方で，子どもたちが動き出さなかったのは，躊躇の問題ではなく，教師や学校への信頼の不足による可能性もあることを踏まえ，自己点検することを怠ってはいけません。子どもたちはしばしば「先生には秘密にしたい」と言いますが，それは「教師に伝えると意図に反して大事になるばかりで，いじめ問題が解決されない」と思っているからです。この時期の要点は，いじめ問題の枠組みを越えて，学校の教育力の課題を見直し対策をとることと理解しましょう。

(6) 謝罪させる場合の留意点

　いじめ発生後，問題を解決するために謝罪が必要となる場合もあります。謝罪をしなければならない状況になったとき，点検すべきことは「誰がそれを求め，何を目的にするのか」です。被害者が常に謝罪を求めているとは限りません。被害者が求めていないにもかかわらず，その保護者が謝罪を求めることも少なくありません。実際に謝罪の場を設けた場合，被害者は加害者と対峙することを求められ，加害者の話す，うそか本当かわからないようないじめの理由や反省の弁を聞かされるのです。そして，それに耐えた後，教師からはいじめの行為やいじめた者を許すことが求められ，これに応じないときには教師の不興を買うことになります。これでは，被害者には苦痛と理不尽さしか残りません。被害者の中にはあえて謝罪されることを望まない子どもも多いのです。

　謝罪の場に，被害者の保護者が同席を求めることもあります。この場合，被害者の保護者が何も語らず，上のような状況に耐えることは考えにくいものです。被害者の保護者は，加害者の反省や，今後のわが子の安全の保障以上に，加害者への仕返しを求めている場合もあります。人間関係に不慣れな子どもたちの間ではいじめはしばしば起こるものだと文部科学省も指摘するところですが，加害とはいえ不慣れで失敗した子どもを大人の攻撃のもとにおくことは，学校の許容できることではありません。謝罪を誰が望み，何を求めているのかを事前に点検し，加害者であろうと被害者であろうと子どもを守ることが教師の使命です。

　謝罪の場の設定は，この問題に早期に決着をつけたいと願う加害者やその保護者から求められることもあります。その求めに応じれば，学校は被害者を無防備に加害者の前にさらすことに加担したことになります。加えて，教師自身もいじめ問題の長期化に負担を感じ，決着させ楽になりたいという思いから，謝罪の会を設けたくなるものです。また，加害者の反省を信じることができず，「本心からの反省」を促すために，謝罪の会で加害者の弁を求めることも少なくありません。

　謝罪の会をしても，その日を境にいじめ問題が解消されるわけではありません。加害者が許されるわけでも，被害者が許さなければならないわけでもありません。加害者はいじめ以外の適応的な対処行動がとれるよう成長しなければならず，被害者は不愉快であっても学級や学校という社会で適応的に生きていかなければなりません。その適応のために役に立つと判断されるのであれば，そ

して,学校の責任のもとで管理運営されるのであれば,謝罪の会は有効に機能することになるでしょう。

　教師は被害者とその保護者に対して,謝罪の会をいつ,誰が参加して,何を目的にどのような内容で行うのか,そして,謝罪の会後の支援体制がどのようなものになるのかを説明しなければなりません。説明の準備をすること自体が学校のいじめ事案発生後の対応計画となります。被害者やその保護者が受け入れないのであれば,学校の支援計画に確からしさが不足していると考えるべきでしょう。

4. 関連機関との連携

(1) 連携の基本

　関係機関との連携の必要性が指摘されることが多い反面,学校からはどのように連携したらよいかわからないという声を聞くことが少なくありません。連携の在り方やコツを説明する前に,なぜ連携をしなければならないのか,何を連携するのか,連携すると何が得られるのかを整理する必要がありそうです。

　第一に,連携について考えるとき,いじめをする,される子どもたちに対して教師が何をしなければならないのか,課題の全体像の把握が必要となります。連携ではなく,課題の全体像が先にあるのです。そのすべてを教師が扱えるのであれば,連携は不要です。教師にできないことがあるから連携が必要になるという順序です。

　第二に,教師がいじめ問題に対して何ができるのかを整理することです。ここで重要となるのは,「なんでもやります」「がんばります」ではなく,「子どもの課題を査定できます」「誤った対処行動を修正できます」など,具体的な指導に関する能力です。教師の職能,あるいは職業アイデンティティと呼ぶことができるでしょう。同時にそれは,各学校や個々の教師によって,できることの水準には差があることを意味します。大切なのは,よりたくさんのことを行うことではなく,できることとできないことを明確に区別することです。先ほど述べた課題の全体像に照らして教師ができる範囲を定めたならば,残った部分が連携して行うべきことになります。

　第三に,連携すべき部分,つまり,分担すべき部分をどのような機関に担ってもらうのかという,適切な資源の選択です。学校はしばしば目の前にある資源にすべてを期待するという誤りを犯してしまいます。例えば,福祉機関が連携相手となったとき,教師が自らの範囲を超える部分については,たとえそれが犯罪に関わることであったとしても,目の前の福祉にその役割を期待してしまうという誤りです。また,資源は警察,医療,福祉などの公的な機関に限りません。地域の商店街の人々や子ども会の指導者など,民間の中にも対応を担える人材はいるものです。

　以上のとおり,連携の前提には課題の全体像の把握,教師の職能,適切な資源の選択の3点の整理が必要です。例えば,いじめの早期発見という問題について,子どもたちのすべての生活場面での情報の把握が課題だと判断されれば,教師にできることは学校生活場面に限られます。通学途中のことは地域の人たちが資源になります。非行を伴うような問題行動については警察が資源になります。家庭の中という個人的な場面でさえ情報を得ることは可能で,家族がその資源になります。

謝罪の会の役割

コラム **13**

　学校は謝罪の会が大好きです。加害者と被害者を同席させ，その場に教師が立ち会い，加害者が謝罪し，被害者がそれを受け入れ相手を許す，という儀式です。些細なもめごとであれば，ざっくばらんに話し合うなどしてトラブルを収めたり，日々が過ごしやすくなるよう双方で工夫することもできます。しかし，謝罪が必要となるようないじめにおいては，お互いの忌憚のない会話は望めません。そこには加害者と被害者という立場を負った子どもがいて，加害者は全面的に悪で，被害者は徹底して守られるという役割を担っています。そして，悪には謝罪することが求められ，謝罪された被害者にはそれを許すことが求められます。加害者が少しの言い訳を含めれば反省していないと責められます。被害者がまだ許せないと言えば予定外のことに教師は戸惑います。

　このような役割が固定化された話し合いは，加害者にとっても被害者にとっても利益があることではありません。ときには，この役割に乗じて被害者の保護者が，加害児童生徒を徹底して罵倒し，教師はそれを傍観するだけという事態も生じます。それはいわば，黒白に分けられた役割を入れ替わることなく演じ続けるだけの儀式に過ぎないのです。

　それにもかかわらず，なぜ学校は謝罪の会が好きなのでしょうか。それは学校にとって利益があるためだと考えることができそうです。児童生徒の日々の人間関係で小さないざこざが生じても，双方に言い分も非もあると理解するのがふつうです。ところが，いじめ事案においては，学校はそうした曖昧な状況をよしとしません。両者を悪と善に，加害者と被害者に，謝罪する側と謝罪される側にきっちり区分けし，それぞれを枠に押し込めて蓋をすることで，問題の影がいつまでも尾を引くことのないようにしたいのです。謝罪の会は，学校側が問題にけりをつけるタイミングとして機能しているといえます。児童生徒の日々の人間関係は曖昧なものであるにもかかわらず，それに耐えきれなくなった教師が儀式を境にこれを抱えなくてもよいという楽な道を選んでいるのです。教師が楽になるための儀式，それが謝罪の会の本当の機能かもしれません。それゆえ，謝罪の会の後，何ごともなかったかのように振る舞う加害者や，いつまでも苦情を言う被害者は，その機能を阻害するものとして教師の不興を買うことになるのです。

　もし家庭が十分な養育能力を備えていなかった場合には，福祉機関が資源になります。さらに，十分な養育能力を備えていない家庭が，子どもの状況を隠そうとする場合には，医療との連携という方法もあります。その目的は，保護者が隠したいことを盗み見ようとしたり，暴いたりすることではありません。「学校には言いづらいけど，医師には言いやすい」という保護者を支えられるような情報を得るためです。

　連携は当然，早期発見に限られることではありません。加害者と呼ばれる子どもに対して，言語的な説得だけでは有効でない場合，警察の介入により「痛い目にあう」ことで行動の修正を図ることも，役割分担の一例になります。改善された行動の維持に関する課題は行動療法理論に基づくものです。教師による教育の範囲を超えるため，ここでは心理職が資源になります。

	コラム **14**
「話し合い」という二次被害	

　小学校では，学級で起こったいじめ事案について，学級で話し合わせるという取組が見られます。中学校や高校では，いじめられているという訴えに応えて，本人の意とは無関係に当事者間の話し合いが設けられることがあります。いずれもいじめの人権侵害という本質を理解していない取組です。いじめは話し合って解決すべきトラブルではなく，大人が介入して解決するという性格を持つトラブルです。例えば，大人の世界で上司からのパワーハラスメントの訴えがあったとき，それに応じて上司との話し合いの場を設けることはあり得ません。それは，強い者と弱い者の関係の中で人権を侵され，どうにか助けを求めることができた従業員に，「もっとがんばれ」と言っているようなものです。自ら解決することがとてもできないと援助要請をしているにもかかわらず，それに取り合わず，一層の努力を強いることなのです。

　話を子どもに戻しましょう。特別活動で求められる集団で生じた課題を解決する取組と，人権を侵された児童生徒の課題を解決する取組とは異なります。前者は児童生徒の「自治」であり，後者は教師による「介入」です。もちろん，集団による話し合いでいじめが生じにくい学級をつくろうとする取組は大切ですが，それは個人を守ろうとするものとは異なります。そもそも学級全員の中でいじめの被害者と呼ばれること自体が当事者にとっては苦痛以外の何物でもありません。人的関係があり，被害者救済をテーマに話し合うという行為があり，当事者が苦痛を感じているのですから，学級での話し合いそのものが今，目の前で進行している「いじめ」ということになります。その場にいる教師も児童生徒も正義のつもりでいるのですが，被害者の苦痛に鈍感になっているのです。同様に中学校，高校で行われるような当事者間での話し合いに委ねることは，被害者にいじめそのものと話し合いによるものとの二度にわたる苦痛を経験させることに加え，いじめ問題に対応するという責務を教師が放棄したことに三度めの苦痛を感じさせることになるのです。

　それでも教師には，「子どもを警察に売りたくない」「見捨てたくない」「自らの手で頑張りぬきたい」と思うことがあります。学校教育はそれを長いこと教師の熱意だと考えてきた節があります。しかし，それは子どもや状況の課題の査定に失敗し，改善の目標を見失い，有効な方策を知らない場合の混乱の中から生じた言い訳としての精神論にすぎません。課題の査定，目標の設定，有益な方策の選択という基本枠組みのうち，方策の選択について連携の観点から捉えるなら，それは資源の選択を指すのです。

(2) 連携のコツ

ア．事前の関係づくり

　学校には，関係機関，特に警察へ通報したり相談したりすることへのためらいがあり，連携に踏み切れない，あるいは踏み切るのが遅れるケースが見られます。一因として，相談後の警察の動き

V章 いじめへの対応

「支援」にひそむ傲慢　　　コラム **15**

　いじめの被害者が適応的な学校生活を送れるよう課題を整理し，適切な支援を行うための組織的な取組がなされることがあります。もちろんとても良いことです。学校では転校生や帰国児童生徒，発達障害のある児童生徒，さらに最近では性自認などに伴う課題のある児童生徒に注意を払うことが多くなりました。それは，彼らの適応に加えて，いじめの未然防止に役立つからです。いじめはしばしば異端狩り，すなわち多数派による少数派狩りの側面をもちます。そのため，そうした少数派に対して，学校ではさかんに支援会議が行われるようにもなりました。

　ここではその「支援」という言葉について考えてみたいのです。学校ではその対象者のことを，教師自身が「苦戦する子どもたち」，あるいは「要支援者」「要援助者」などと呼ぶこともあります。これらに異議を唱えるつもりはありません。本書でも，やむをえずこの表現を用いています。ただ，そこには少数派を多数派の基準に適応させるという，暗黙の前提が垣間見える気がします。その根底にあるのは「少数派は多数派のルールを受け入れるべきだ」という通念ではないでしょうか。少数派のルールを尊重しようとする人々もいますが，その人たちでさえ，多数派が少数派を「支援」するという上下の関係を持ち込んでいる可能性があります。多数派のルールは別名「常識」であり，少数派のルールは尊重されたとしても「常識からは外れているけれども」という前置きがつくのです。

　支援会議を開くとき，教師は支援を行う側として，自らが多数派に立つことに自覚的であるべきです。少数派に対する「守ってあげる」という感覚は，子どもたちが異質なものを見るのと同じ目を，自分自身も持っているがゆえの傲慢さと表裏一体であることを，心に留めておいてほしいのです。

が予測できず，学校や被害者側の意向や方針を考慮しない対応が進むのではないかという不安があると思われます。日ごろから警察等とネットワークを構築できる体制を整備しながら，関係機関の機能や業務内容，組織，担当者名等を十分に把握・理解しておくことが大切です。いざ重大な事案が起きたときには，機関の専門性をどう活かし，自分たちがどのような役割で具体的にどう動くかを明確にしておくとよいでしょう。

イ．基準とキーワードを定める情報連携

　「何かあったら連携しましょう」という意識でいると，連携は必ず失敗します。これでは，連携するかしないかの判断をそれぞれが行うことになるからです。連携を成功させるコツは基準の設定です。考え方は，いじめ事案における担任と組織の関係と同じです。担任はいじめを判断せず，あらかじめ定められた基準に従って報告すべきことはIV章で述べました。同様に校内で起きた事案について，どのような基準で警察と情報連携するのか，家庭で起きた事案について，どのような基準で福祉機関と情報連携するのかを，あらかじめ定めておくことが肝要です。警察も福祉機関も，学

ネットいじめの本質

コラム **16**

　ネットいじめを軽んじることも，ことさらに重大視して過剰反応することも適切ではありません。ネットいじめは，現実のいじめの増幅装置であり，人の適応，不適応を端的に表すものだと理解することがよいでしょう。

　現実の社会では，人は不愉快なことがあっても，そう簡単には顔や態度に表したりはしません。社会との関わりを考え，自らをコントロールするのです。頭の中では相手を許すことができず，「マジ意味わかんない」とつぶやいていながらも，そのつぶやきを外に漏らすことはしないものです。また，現実の人間関係を思いどおりに支配することは難しく，誰か特定の人を排除する試みは，自らの孤立を招く危険性が大きいため，ふつうはしません。そして，人にはやさしさもあります。たとえ，相手への不愉快を表現したり，人を排斥しようと少しだけ行動をしたとしても，そのときの相手のつらそうな表情を見て，我に返り，その行動を止め，相手への配慮をするのも，人の常です。

　先ほど述べたように，そのように社会的に適応し，適切な行動をとっている人も，頭の中では「死ねばいいのに」などの否定的な表現や攻撃的な表現が浮かんでいたりします。そのとき，スマートフォンなどの情報機器は頭のすぐそばにあることに注意しなければなりません。「マジ意味わかんない」という頭の中のつぶやきが，情報端末に容易に漏れ出てしまうのです。

　多くの場合，情報端末への書き込みは一人でいる時間に行われます。一人ですから，不愉快をがまんする必要もなければ，歯止めをかける存在もないのです。ネット社会の匿名性，あるいは

校からの情報提供がなければ当該事案が生じていないものと判断します。逆に学校側も，具体的な基準やキーワードを定めて関係機関から情報を得られる体制をつくらなければ，おそらく何の情報も得ることはできないでしょう。

ウ．連携の窓口

　情報連携の窓口をどのように決めるのでしょうか。また，情報連携したあと，誰に集約するのでしょうか。情報連携の窓口と行動連携の窓口を同じにしていてよいのでしょうか。それとも管理職が窓口になるのでしょうか。

　情報連携においては，例えば警察との窓口は学校警察連絡協議会を担当する生徒指導担当であったり，地域社会との窓口はPTA担当の教師であったりと，多くの教師が外部との窓口を担っています。さらに公式な立場だけではなく，例えば剣道部の顧問は剣道を通じて警察とのつながりがあったり，学区に長く居住している教師は民生委員とのつながりがあったりと，学校は非公式な窓口も多く持っています。一口に連携といっても，このように多様な窓口があることから，学校はそれらを管理・共有できる体制をつくる（組織化する）とよいでしょう。

　一層難しいのは，行動連携の窓口です。情報連携の窓口となっている教師が，先述の役割分担を

相手の反応を直視せずにすむ状況も，頭の中の独り言が漏れ出す促進条件となります。さらには，グループから排除するなど，関係性を支配しやすいことでも，気が大きくなりがちです。しかし，ネットの社会はその独り言を文字として残し，想定外の参加者を巻き込み，地域を超え日本中にまで，その空間，つまり影響範囲を拡大させます。また，文字情報はその情報量の乏しさから誤解を招くことが多いだけでなく，相手の表情が見えないために，表現に配慮するどころか，さらに攻撃をエスカレートさせてしまう危険もはらんでいます。人が現実社会に適応するときに行っていたがまんや躊躇や配慮という要素を，ネット社会は機能させません。それは，人の適応を支えていた壁を崩壊させる小さな穴なのです。

　ネットいじめの事案が発生したとき，その書き込みの内容に対し，書かれた子も保護者も学校も「とんでもない発言だ」と深刻に捉えるかもしれません。しかし，普通，対面では口にしない，外に出さないというだけで，それくらいのことを人は思っているものです。漏らしていなければ適応ですが，漏らしたときにはいじめの加害者と呼ばれます。書き込まないように指導することはとても重要です。そしてここで大切なのは，ひどいことを思わなくなることではなく，たとえ思ったとしてもそれを漏らさないようにすることなのです。とんでもない加害行為だと言って，一方的に非難するのは，小さい子がお漏らししたことをとんでもないことだと折檻するのと同じです。ネットいじめも頭の中に溜まった否定的な思いの「お漏らし」なのです。書き込みを行った子どもを責め立てることにならないよう，「お漏らし」をできるかぎり未然に防ぐ手立てを，教師の側も学んでいく必要があるでしょう。

踏襲して行動連携の窓口を担うことは不可能です。行動連携の窓口は管理職が担うのが現実的でしょう。そのためにも，情報連携の窓口を組織化しておく必要があります。

エ．連携先の拡大

　連携先は警察や福祉機関に限りません。多様な連携先を得るためには，「校内研修会の講師として誰を呼びたいか」という想像をしてみるとよいでしょう。ここで講師として思い浮かんだ人材が学校の資源となります。また，過去に講師として招いている専門家やその領域は，すでに学校の資源となっています。「顔の見える関係になる」ということこそが，資源の充実と活用につながるのです。教師はいじめに関して法的な裏付けや実際の法律の適用を知りたいと思うものです。そんなとき，地域の弁護士会や学区内の弁護士事務所は有力な連携先の候補です。同様に医師会，臨床心理士会，社会福祉士会，法務局，大学は学校が連携したい機関です。さらに，少し視点を変えて，虐待問題についての連携先を考えてみるとよいでしょう。本来は，いじめ問題に特化した連携などありません。また，連携先もいじめ問題に特化した連携を求めているわけではありません。子どもの安全と成長に関わる課題すべてについて，教育ができることと医療，福祉，警察などができることとを分担し，「日々の連携」と「緊急時の連携」のための具体的なネットワークづくりを推進し

ていくことが，学校の危機管理能力の向上につながります。

文献・インターネット

1) 文部科学省　(2017)．いじめの防止等のための基本的な方針．
   http://www.mext.go.jp/component/a_menu/education/detail/__icsFiles/afieldfile/2018/03/19/1304156_02_2_1.pdf
   （2018 年 8 月 1 日閲覧）
2) 森田洋司・清水賢二　(1994)．いじめ：教室の病い．金子書房．

VI章 重大事態への対処

1. 重大事態とは

いじめ防止対策推進法では，重大な事態として，(1)いじめにより児童等の生命，心身又は財産に重大な被害が生じた疑いがあると認めるとき，(2)いじめにより児童等が相当の期間，学校を欠席することを余儀なくされている疑いがあると認めるときの2つを要件として掲げています（第二十八条）。また，児童生徒や保護者からいじめられて重大事態に至ったという申し立てがあった場合は，その時点で学校が「いじめの結果ではない」，「重大事態ではない」と考えたとしても，調査を行い報告することが必要になります。

重大事態というと，「重大」の部分に注目したくなりますが，実際には調査組織を作り，報告書を作成，提出する事態のことを呼ぶ用語だと心得ましょう。重大事態において焦点が当てられるのは，本書でこれまで述べてきたような支援の工夫ではなく，事案の決着のつけ方です。

(1)の「いじめにより児童等の生命，心身又は財産に重大な被害が生じた疑いがあると認めるとき」には，児童生徒が自死を企図した場合，身体に重大な傷害を負った場合，金品等に重大な被害を被った場合，精神性の疾患を発症した場合があります。これらの中には，犯罪事実が認められ，警察の介入を要するものも少なくありません。また，犯罪性が認められないものであったとしても被害者側に重篤な影響のある場合もこれにあたります。

(2)の「いじめによる児童等が相当の期間，学校を欠席することを余儀なくされている疑いがあると認められるとき」については，不登校と関連づけられることが多いようです。しかし，法が定めているのは「相当の期間学校を欠席する」ことであって，そこには不登校のような長期欠席（30日以上）という定めがあるわけではありません。また，「いじめによる」との因果は調査によって認められるのであって，初期の段階で安易に学校が「いじめによらない」と結論づけ，重大事態として扱わないことは適切ではありません。その際，調査と並行して，加害者，被害者といわれる児童生徒がともに安心して教育を受けられる場所を確保するなど，教育を受ける権利についての配慮が必要です。

上記の被害や欠席に関する判断は調査する学校や学校の設置者（都道府県・市町村教育委員会）に委ねられているところではありますが，法を制定した際にその判断が学校側の主張に沿ったもので公正ではないとの指摘から，附帯決議により，いじめを受けた児童等やその保護者から申し立てがあった場合には，適切で真摯な対応が求められています。これにより上の(1)(2)に加えて被害者側の訴えが重大事態の根拠となりました。

　いじめ防止対策推進法では，重大事態に際しての対応として，次の取組を求めています。まず，調査主体を決定します。調査は学校，学校設置者のいずれかが主体となって行うことになっています。その判断は学校の設置者が行います。

　調査の対象はいじめに係る事実関係，いじめを適切に予防，早期発見，対処できなかった事実関係とその原因であり，その目的は事態の発生の防止に資するためです。同時に自死を伴う事案の場合には，いじめと自死との因果がこれに含まれることが一般的です。調査の結果について，いじめを受けた児童生徒とその保護者には必要な情報を提供しなければなりません。それはすべてが整理された最後の締めくくりではありません。報告書の作成過程で情報提供し，それに対する意見や意向を逐次取り入れることが求められています。

　まとめられた報告書は，都道府県立学校と私立学校は知事へ，市町村立学校はその首長に提出されます。報告を受けた地方公共団体の長は再調査を行うことができます。いじめを受けた児童生徒や保護者が希望する場合には，いじめを受けた児童生徒や保護者の所見をまとめた文書を添えて報告します。

　ところで，学校や設置者の下で作成された報告書と行政の長の下で作成された報告書とでは，後者のほうが時間的に後になることが多いため，あたかも上級審のように決定が上書きされると思われることが多いのですが，実際には違います。いずれも法の下で作成された，それぞれ独立する報告書という位置づけになります。現実には学校主体の調査に被害者側が不満を持つ場合，その意向を受けて行政の長が再調査を行い，被害者側の思いに沿った報告書が作られることが多いため，このような理解がされるのでしょう。この仕組みを用いて，学校主体の調査では加害者と呼ばれる児童生徒の立場に沿った報告書を作り，行政の長の調査では被害者の立場に沿った報告書を作ることで双方の納得を得ようとする試みも見受けられます。実は学校主体の調査を先行させ，これが完了するのを待って行政の長による調査を始めるというルールもありません。そこで双方の納得を狙いとして両者の調査を同時にスタートさせるという方略すらあります。

2. 重大事態に至る原因

　学校関係者の多くは，いつ重大事態が自校で起こるかわからないという不安と同時に，自校では起きないだろうという油断や楽観を持っています。確かに重大事態の中には，通常では起きない，あるいは起こってはならない人権侵害事案があり，自校ではありえないと思いたくなることもあるでしょう。しかし，重大事態が発生した学校は特別に油断していたわけではなく，多くの学校関係者と同程度の油断をしていたところに特別な事案が発生し，対応できなかったのです。

　その油断の最大にして，どこの学校にも広く見られる課題は，学校いじめ防止基本方針の軽視で

す。国や行政の求めに応じ，与えられたひな形に従い，自校のものであるかのように体裁を整え作成した学校の課題です。そこに何が書かれ，何を児童生徒，保護者と約束したかを教師一人ひとりが理解していない学校で重大事態が起こるのです。

　基本方針を軽視していることは，事態の査定の失敗を招きます。どんな重大事態も突然深刻化したわけではありません。人間関係のトラブルに見えること，児童生徒個人の社会性の欠如のように見えること，がまん強さの問題に見えることは，いずれも重大事態の入り口に差し掛かっていることの予兆です。このとき査定に失敗していなければ，組織的な対応に持ち込むことができ，重大事態に至ることがなかったのです。そして，査定に失敗していることですら気づかない学校で重大事態は起こるのです。

　当然ながらそのような学校では，早期発見に失敗し，早期の対処に失敗し，学校内の早期の情報共有に失敗し，その情報を保護者と共有することに失敗しています。また，その査定の失敗から，たとえいじめと認識できたとしても，被害者，加害者，そして，何より保護者の受け止め方が見極められていません。早期の終結を図ろうとして，かえって関係者の協力・理解が得られず，重大事態に至っているのです。

3. 重大事態の対応から学ぶ

　重大事態とは，いじめ問題における重大な事態を指すのではなく，いじめ事案の中で被害者の人権の保障や尊厳の回復が特に求められるもの，被害者への十分な説明が求められるもの，再発防止のための知見を特に抽出すべきものを呼ぶ用語であることは，前節で説明しました。したがって，その対応は基本的には通常のいじめ事案と共通することになります。見方を変えれば，重大事態について熟考することは，いじめ対応を改善し，その質を向上させることにつながります。以下ではこの視点に立ち，重大事態から学べることを整理してみましょう。

(1) 重大事態の整理

ア．基本的人権の尊重と尊厳の保持

　世間が考えるいじめの重大事態のイメージは，基本的人権を侵され尊厳を傷つけられるいじめ事案です。そもそも法の目的は子どもたちを苦痛から遠ざけようとしているのではなく，人権の尊重と尊厳の保持にあります。重大事態には犯罪に当たるものや，無視や排斥など深刻でトラウマティックな体験を伴うものが多く含まれます。本書のこれまでの章では，被害者，加害者ともに支援対象者であり，被害者であっても彼らの対処行動や認知的評価において取り組まれる工夫を支える視点を持って述べてきました。しかし，重大事態とは被害者に工夫を求めるものではありません。ストレスモデル（II章4.参照）で述べれば，このいじめは被害者がさらされるストレッサーであり，ここではそのストレッサーを取り除くという対応が求められます。被害者を徹底して守るという考え方は，この種のいじめ事案に対して適応されるものです。端的にいえば，世の中が考えるいじめとはこれを指します。

イ．保護者対応の失敗

　教師が「重大事態というけれども，保護者が納得しなければ，実際にはたいしたことなくても重大事態だと言われてしまう。それでストレッサーを取り除こうなんて考えたら普通の学校生活が送れないし，子どもからは対人関係上の成長の機会を奪うことになってしまう」と嘆くケースに出合うことがあります。上記の人権や尊厳に関わる問題が真の重大事態だとすれば，このケースは保護者対応の失敗によってつくり出された重大事態といえるでしょう。保護者がクレーマーであるとか，保護者に問題があるといっているわけではありません。保護者は子どもの苦痛に敏感です。その保護者から得られた情報を適切に扱うことができず，ニーズや支援すべき要点を意識できなかった教師の至らなさが問題を生みだしたと考えるべきなのです。保護者の問題ではなく，対応に失敗した教師が重大事態をつくり出しているという認識が改善の糸口になります。

ウ．児童生徒への支援の無策

　再発防止のための検討の中心は，いうまでもなく，未然防止・早期発見・適切な対応の3点になります。自校の取組の課題をこの3点から整理することで有効ないじめ防止対策を実現させる必要があります。しかし，重大事態は不登校など当該児童生徒が欠席することによっても成立することから，不登校の本質を知らなければ有益な知見を導くことはできないでしょう。さらにいえば，いじめ問題と理解して追究しているだけでは，答えにたどり着けないことも多いものです。未然防止・早期発見・適切な対応の3点については本書の当該項で述べていますので，ここでは重大事態を構成するひとつである不登校の側面について考えることにしましょう。

　真の原因が何であれ，いじめをきっかけに不登校になれば，重大事態と呼ばれることになります。子どもが学校に行かなくなると，親も教師もその理由を本人に問いただします。大人が納得するまで子どもはその追及から逃れることができません。残念なことに，「いじめられているから」という理由は最も強力で説得力を持つものです。わかりやすくいえば，大人が引き下がる魔法の言葉に近いものがあります。実際，子どもはその人間関係において苦痛を感じているのですから，定義に照らせば間違いなく「いじめ」です。しかし，その理由を使った瞬間から，「被害者」は何の工夫もなく，その苦痛から解放されることになってしまいます。被害者が言い逃れをしているとか，嘘をついているなどと言っているわけではありません。この問題を理解するときに，私たちが心得ておかないといけないことは，原因はひとつではないということです。学校に行けない理由の中に，確かに対人関係上の苦痛はあります。重要なのはその割合です。勉強がつらかったり，進路のことや部活のことで悩んでいたり，子どもはたくさんのことで苦痛や不自由を感じています。しかし，これらの理由で学校に行きたくない，行けないと説明しても，大人は納得しません。一方，たとえ対人関係上の苦痛が占める割合が少なかったとしても，「いじめ」と言ってしまえば，真の理由として受け止めてもらえるのです。その他の問題は脇に置かれたまま，大人は「いじめ」に傾注し，重大事態と呼び，子どものストレッサーを取り除く対応が取られます。その結果，子どもを本来取り組むべき課題から回避させることになるのです。ここで重要となるのは，真の重大事態との区別です。対人関係上の苦痛が大きな割合を占め，人権や尊厳を脅かす，取り除くべきストレッサーと捉えられるものなのか，見極めが求められます。

（2）重大事態から学ぶ視点

ア．仮説検証型なのか，探索型なのか？

　いじめの事実を調査することが当然のように求められますが，「いじめ」という評価的な言葉のもとになる事実をすべて調べあげることは容易ではありません。それは「いつからいじめが始まった」という始期に関する問題を含みます。当初は通常の人間関係であったり，若干のトラブルを含む場面があったりしたとしても解決可能だと被害者に理解され，「いじめではない」と思われていたものが，現在の立ち位置から思い返してみると，「いじめである」という認識に変化してしまうのです。重大事態の調査報告書の中には，細部にわたる事実が際限なく収集され，延々と過去にさかのぼり，いじめがいつから始まったのかという問題が拡大される状況に陥り，扱いに苦慮しているものがしばしばみられます。いじめの事実をすべて明らかにするという探索的な姿勢は積極的で肯定される点も多いのですが，真実に収斂するという意味では拡散的になりがちです。

　重大事態の報告書の中には，このような事態に陥ることを避けるために，まず検証すべき仮説を整理し，この仮説の範囲で事実認定を試みるものも見られます。調査委員会が調べ，認定する上限が設定されることから，仮説検証型の調査結果は明瞭です。時間的にも短時間でまとめることが可能になるという利点もあります。

　検証すべき仮説は被害者側から聞き取れることもありますが，被害者側には，経験した苦痛を認めてもらうために，その苦痛に相応しいだけの十分な量の事実を聴き取り，調べてほしいという願いが生じます。しかし，仮説検証型の調査方法は，調査対象となる事実を限定してしまうために，被害者の不興を買うことも少なくありません。また，検証すべき仮説を学校側のアンケートなどを通して整理した報告書やまとめの中から設定する報告書も見られます。実際は，学校側の調査に不満を抱いているために重大事態となっていることが多いことから，これも同様に納得が得られない場合も少なくありません。

　このように，いじめの事実を調査するには探索的な方法と検証的な方法があります。日常で生じるいじめを調査するときも，この視点での整理が必要です。さらに，一つひとつの事実を認定するのではなく，期間を定めて一括して人権侵害があったことを認定する報告書もあります。社会は子どもの人権が侵され尊厳が脅かされることをいじめと理解しているので，社会の利益や本来のいじめとは何かという本質にはこのアプローチのほうが近いともいえます。しかし，行為があってその対象に苦痛を生じさせている場合をいじめと定義する法律には，字義的には即していません。また，日常にある事実一つひとつに拘泥し，争うことにより，加害者・被害者双方を傷つけてしまう二次的なリスクは減らせますが，最終的にいじめと認定されなかった場合には，被害者は絶対に納得することができないでしょう。

イ．会議録の作成と聴取記録

　校内のいじめ防止対策に係る委員会は，会議録を残さなくてはなりません。例えば，担任だけでなく学校が組織として，いつ最初の情報に接したのか，いついじめだと判断したのかに関する記録は重要です。特に重大事態においては，学校がその責任を果たしているかを証明する重要な証拠となります。会議録の作成というと事務的で形式的なことだと思われがちですが，事実は逆で，組織

的な対応をしていれば必ずその記録は取られるものなのです。これが残されていなければ，当該事案を学校がいじめと判断しているのかですら明言できない状態です。「担任がいじめだと思ったから」「管理職がいじめだと思ったから」では，組織がいじめと認定したことにはなりません。学校の意思を形成するという認識で臨む必要があります。いじめ問題に関しては校内組織を設けることが求められるために，会議録が必要になりますが，これに替えて，起案決裁を通して組織としての意思を定めることも，特に重大事態においては必要になります。

重大事態では情報収集や事情聴取も組織的に行われることになります。組織的とは，分担してという意味ではありません。分担したとしても，あるいは一人の教師がこれにあたったとしても，そこで得られた情報は聴取記録などの形でまとめられ，委員会において管理されなければなりません。必要なのは情報の内容そのものだけでなく，それを組織として収集し，組織として管理し，また，判断・活用しているという証拠としての記録をとることなのです。

ウ．関係資料の保全

重大事態とは，報告書を作り，取組の至らなかったところを明らかにして再発を防止する要点を発見する機会でもあります。学校が結果責任を問われる風潮にあるのは確かですが，求められる注意義務を果たし，予定された職責を果たしたうえで事故が起きたならば，必要なのは謝罪ではなく改善であるはずです。この取組をするにあたってまず，学校がどのような教育計画を立てていたのか，どのような基本方針を作成し，何を児童生徒・保護者と約束していたのかを確認しなければなりません。そこで定められた取組が誠実に履行されたにもかかわらず事故が発生したのであれば，その原因追及からは新しい改善策が見いだされることになるでしょう。そのためには，どれだけ誠実に履行されていたのか記録を確認する必要が生じます。

そこで重大事態では，その関係資料を保全しなければなりません。例えば，学校日誌です。各校の基本方針にはしばしば「校長のリーダーシップのもと」のような表現がなされています。これが誠実に履行されたか否かは学校日誌に記録される必要があります。校長から全教職員に向け，いじめに関するどのような具体的指示が出されていたかの記録です。職員会議の会議録も重要になります。校長のリーダーシップに係る指示や命令，注意喚起が記録されていなければ「校長のリーダーシップのもと」は単なるお題目となり，校長がその職責を果たしていたことになりません。事故が発生した場合，そこに至るまでの間に校長が行っていたこと，怠ったことの記録があれば，そのお題目の具体的な改善の要点が見つかります。家庭訪問に関する旅行命令簿やその復命記録は，担任や学年主任が重大事態に至るまでの間にどのような取組を行ってきたのか，怠ってきたのかの証拠となります。このような教育行政上の公簿だけでなく，学級日誌や部活動の記録など児童生徒の生活に沿った記録からも改善の要点が見つけられます。重大事態ではこれらの記録を，改善を見つけるための宝の山のつもりで正しく保全しなければなりません。

エ．守秘義務の解除

重大事態において真実に迫ろうとするとき，教師をはじめ周囲の大人，そして児童生徒は調査委員会の委員から経緯や対応，発生した事実に関する様々な事項に関して説明を求められます。これ

に協力することは改善の要点を発見するうえでとても重要なことです。そして語ることが当然とも思われてもいます。

しかし、そこには若干の戸惑いがあります。例えば、教師が問われるままにすべての情報を提供したとき、その情報は調査委員会に解釈され、意図しない形でいじめのストーリーの中に組み込まれる可能性もあります。また、それは客観的な事実ではなく、教師による主観的な理解である可能性もあります。さらに、一部の生徒に社会的には認められない非行があったとしても、それは教師が職務上知り得た秘密に該当する場合もあります。そのような心配から教師の口は重くなります。たとえ加害者といえども、児童生徒から打ち明けられた秘密を本人の了解なしに話してよいのかという戸惑いであったり、被害者の情報に関しても、人間関係の中で一時的に加害となったことについては伏せる必要があるのではという戸惑いであったりします。いじめの防止は元々児童生徒の人権を守ろうとするものですから、本人の了解なしに秘密を暴露してよいのかという人権上の疑問が湧いてくるのも当然のことといえるでしょう。

校長は、教師の発言がその立場から見た主観的な理解であって、客観的な事実とは必ずしも一致しないことや、上述の戸惑いが教師に生じていることを調査委員会に理解してもらわなければなりませんし、教師に対しては校長の責任で守秘義務を解除することを伝える必要があります。さらに調査委員会には、聴取した事項を報告書の中でどのように捉え用いているのかを聴取対象者にあらかじめ示すことが望まれます。ここまで教師を例に述べてきましたが、同様のことが児童生徒や関係する保護者にもいえます。子どもたちの中には、自分の発言により友人が責められることになって不満を感じたり、責任を感じたりする者も少なくありません。これらの関係者を心理的にも制度的にも守ることがより真実に接近し、有益な課題解決の要点を導くことにつながります。

オ. 本人と家庭要因への言及

例えば、自死があったとき、報告書では学校要因に相当数のページが割かれ、本人の性格や発達上の課題、あるいは疾病、また、家族の養育態度に関わるページが極端に少ないものがしばしば見受けられます。学校だけでなく、本人や家庭にも問題があると言いたいわけではありません。自死を防ごうとすれば、これら3つの要因がどれも重要となり、再発防止への有益な知見が得られます。そもそも自死はストレッサーとなるいじめさえなければ防げるというものではありません。ストレッサーを経験した子どもが自力で問題を解決するうえで必要な援助を求めることができなかったり、課題が現実よりも大きく見えて対処できなくなる状況に陥ったり、工夫することを諦めたりしたときにも、事故は起こります。その工夫を阻害するのは子どもの性格であったり、援助資源の乏しさであったり、課題を評価する際の認知的なクセであったりします。報告書がいじめの有無、つまり、ストレッサーの特定に終始してしまえば、適切な支援方法を見つけ出す機会を失うことになるでしょう。報告書には、ストレッサーとしてのいじめの存在を認定し、これを排除し得た方策を示す役割と、ストレッサーを経験した子どもがその解決のために獲得しておく必要のあったスキルとその教育方法を示す役割とが同時にあります。後者を怠れば、仮に心理的・医療的な支援が必要なケースであった場合に、その事実を見落とすことにつながりかねません。

さらに家庭における不適切な養育態度があった場合には、いじめというストレッサーを処理する

自死予防の取組　　コラム 17

　児童生徒の自死事案が発生すると，社会の注目は「いじめがあったのか？」という一点に集まることが多く，そこには「いじめが人を死に追い込んだ」という事実の追求があります。しかし，自死予防の観点からは，これは有益な見方とはいえません。一方，「いじめではなく他の原因があった」との反論も，自死予防の観点からは，役立ちそうもない主張です。両者には，「困難な事実が直ちに人を自死に追い込む」という共通した誤解があるからです。いじめや友人関係，もしかしたら成績や進路のことや，家族との関係のことなど，子どもの周りにはたくさんの困難な問題が存在します。こうした困難が直ちに人を自死に追い込むわけではないのです。その困難は「きっかけ」であり，自死の問題を考えるときの大切なひとつの要素ではありますが，これに劣らず重要となるもうひとつの要素があります。それは「背景」です。几帳面で完璧を目指し過ぎる性格は，この「背景」の代表例です。悩みを打ち明けることができる人的資源の乏しさも，同じく「背景」です。心だけでなくからだの健康状態も「背景」になりますし，身近に起きた自死事案による刺激も，大切な人を病気や事故で失う経験や喪失感も「背景」です。

　「背景」が大きければ，「きっかけ」は周囲に気づかれないほど些細なものであったとしても，両者を合わせて「自死の原因」となるのです。文部科学省は毎年「児童生徒の問題行動・不登校等生徒指導上の諸課題に関する調査」結果を公表していますが，そこでは「自殺した児童生徒が置かれていた状況」として，「進路問題」や「家庭不和」など「きっかけ」に当たるものが報告さ

力を本人が備えていたとは考えにくいでしょう。家庭の問題を棚上げすれば，有効な支援から子どもを遠ざけることになり，また不適切な養育環境にあったことを見逃すことにもなります。家庭の要因に触れることは容易ではありませんが，もし，その要因があるのであれば，責任を追及していると誤解されないよう慎重な姿勢で報告し考察することで，再発防止への有益な知見につながることもあると考えられます。

　しかし，実際の報告書では，特に自死を伴う場合には，子どもの責任や子どもを亡くした親の責任を追及することへのためらいがあるためか，また納得が得られないことが予想されるためか，記載されないことが多いようです。報告書を受け取る相手が同種の事件の再発を防がなければならない教育関係者であるのか，曖昧なまま終わりにすることができない保護者であるのかによっても異なるのかもしれません。

カ. 遺族も含めた被害者の意向

　子どもに大きなアクシデントがあった場合，保護者の感情や発言は時間とともに変化するものです。それは身勝手とは全く異なるものです。例えば，不幸にして遺族となった場合，初めは自分の子どもの死を受け入れることができず，感情が鈍磨して，学校への要望も見つけられない状況にな

れています。その中で最も多く，いずれの校種でも例年50％を超えるものは「不明」という回答です。遺された者には，自死の「きっかけ」はよくわからない「不明」なものなのです。

「子どもを自死から守るためにいじめをなくす」という考え方自体に誤りはないのですが，自死予防としては，確実な方法とはいえません。「きっかけ」を取り除いてあげたくても，それは「不明」であり，その存在に気づくこと自体も難しいことだからです。また，子どもの自死のうち，「いじめの問題」が「きっかけ」であったのは，最も多い中学生でも10％程度です。自死予防のためには，「きっかけ」が「不明」であっても効果のある方法を探さなければならない状況といえます。

それでは，子どもの自死予防のために，大人にできることは何なのでしょうか？　それは，「背景」側からのアプローチだといえます。柱は，「ストレスマネジメント教育」と「援助要請行動の促し」の2つです。前者は，たとえ「きっかけ」となる困難な問題が生じても心の健康が保てるよう，ストレッサーを適切な大きさで捉えることができ，有効な対処行動や認知的な処理ができる力を子どもに獲得させる，心理教育の必要性に関するものです。後者は，それでも追い詰められたときのために，人に援助を求めることとその方法を，あらかじめ子どもたちに教えておくことの必要性に関するものです。そして，これらの2点は，今日，自殺対策基本法が学校教育に求めていることでもあるのです。

文　献
山本奬　(2016)．思春期の自殺予防．高校保健ニュース，570号，573号，576号．

ることも少なくありません。そうして，「ものわかりのよい保護者」と理解されていたのが，しばらくして不満を訴えるようになり，要求が厳しくなってくると，学校はそのことに戸惑ったり，場合によってはクレーマー扱いしてしまったりすることもあります。しかし，死に触れて感情が湧いてこない状態が，時間とともに変化するのは当然のことです。亡くなった自分自身の子どもへの怒りが湧いてくる時期もあれば，その怒りが学校に向けられる時期もあります。その後，「もし，私が何かをすれば，亡くなった子どもが戻ってくるのではないか」という非現実的な取引が頭をよぎることも珍しくありません。そうして，次第にわが子の死と向き合い，悲哀の感情を経験し，その現実を受け入れられるときがきます。このような変化は，子どもが亡くなった場合に限らず，いじめのケースでも同様に見られるものです。自分の子どもがいじめられたことに対する保護者の理解も，時間や状況とともに変化するのが一般的です。

対人援助職である教師には，一般的な人の心の変化を心得た上で対応し，保護者を支援することが求められています。対応初期にはこのことを念頭において，「親の要望を聞けば丸くおさまる」などと誤った楽観や形式的な配慮をしないことが重要です。同時に，保護者との窓口を一本化するという原則について，窓口は一人で担当するものと誤解し，保護者のそのときどきの要望や，それに対して交わした約束も，対応した個人の中にしまい込まれて曖昧になることで，トラブルを大き

くしているケースも見受けられます。ここでも複数対応が原則になります。

キ. 噂などの二次被害への対応

　良い者，悪い者が明瞭なとき，人は安心してそのストーリーを聞くことができます。幼い子ども
が聞くおとぎ話の登場人物は良い者，悪い者がはっきりしています。話を聞かせる大人も迷いなく
語り，話を聞く子どもも善悪がはっきりした安心できる枠組みの中で主人公を応援します。私たち
は，現実にはそのような黒白明瞭な人間関係は存在しないことをよく知っていますが，重大事態で
はしばしばそれを忘れます。重大事態では被害者が明瞭であるため，対極にある加害者は完全に悪
だと決めつけられることになります。この善悪の明瞭さは児童生徒だけでなく，保護者や地域に至
るまで，歪んだ安心感を与えます。本当の事情はどうあれ，人々はこの安心感の中で悪を遠慮なく
徹底的に非難しようとします。それは揺るぎない正義感から出たものなので，ためらいも手加減も
ありません。重大事態には必ずといっていいほど，「加害者」を傷つける攻撃が伴います。それは
法に照らせばいじめの範囲のものであったり，人権を侵害するものであったりします。

　さらにこの事態を複雑にしているのは，周囲の子どもの「被害者を助けられなかった」という罪
悪感です。行為があった当時はそれが現在進行形の人間関係であったので，善悪の明瞭な区別もな
く，そのときどきの状況の中でグレーであったものが，のちに重大事態という枠がはめられた瞬間
に，時をさかのぼって白と黒に変わります。当時の事情や躊躇や判断を忘れ，過去を振り返って被
害者を助けられなかった自分を責めるのです。この自責の念は思考に現れる代表的なストレス反応
ですが，この状況の中では黒白を確定させる力として働いてしまいます。

　いじめ対策の真のねらいは侵された人権を回復し，人の尊厳を保持することにあります。当然，
被害者はその意味で強く守られなければなりません。しかし同時に，その過程で誰かの人権が侵さ
れてよいわけではありません。加えて，今日の「いじめ」という言葉には支援対象者を発見するとい
う機能が備えられていることを考慮すると，その加害者も支援対象者であり，自責の念で苦しむ
周囲の児童生徒も支援対象者です。それにもかかわらず，重大事態の過程では加害者に対する人権
侵害に学校は無策です。いじめにあたる事態が生じていても，一旦加害者と呼ばれた者が被害者の
枠組みで捉えられることはほとんどありません。周囲の児童生徒からの事情聴取でも，当時の機微
のある人間関係に焦点を当てることを避け，黒白の枠組みをはめることから，自責の念を有効に緩
和することができずにいるのです。

ク. 加害者側への情報提供

　通常のいじめ対応であれば，加害者も支援対象者であることから，提供する情報を制限すること
は基本的にはありません。何が被害者に苦痛を生じさせたのか，加害者側にどのような改善が必要
なのかに関する情報は，すべて事案の中にあるからです。しかし，重大事態ではこのことについて
慎重にならなければなりません。現在の法律は重大事態において被害者側に情報提供し説明するこ
とを定め，それを学校や行政の責務としています。これに対し，加害者側への情報提供については
定めがないため，現実には情報提供がためらわれる傾向にあります。そこには，被害者の意に沿わ
ない情報を提供すれば，加害者に反論の機会を与えることになり，事態はいっそう複雑化して解決

が遠のくという事情もあります。重大事態が解決されるにあたって必要なのは,「被害者が救われる真実」だと心得たほうがよさそうです。それは前項で触れた黒白の枠組みの中での解決という意味でもあります。

ケ．クライシスマネジメント

　重大事態への対応には,何に対応しなければならないのかという「テーマ」と,それについて段階を踏む目標を設け,いつまでに何を行うのか,達成するのかという「時間軸」の2面を管理しなければなりません。テーマを縦に,時間軸を横に配置した大きな表をイメージするとよいでしょう。この考え方はクライシスマネジメントという発想に裏付けられています。

　テーマには,事実の調査,被害者の支援やケア,その保護者への対応,加害者の支援と指導,その保護者への対応,全児童生徒やその保護者への対応などがあります。これに加えて,事態の大きさによってはマスコミ対応,警察対応,議会対応,インターネットやサイバー対応も重大なテーマとなることがあります。これに事案対応本部の設置を含めると,テーマはそのまま分担と捉えることもできるでしょう。

　重大事態は必ずしも短期で決着や収束に至るわけではありません。事案の発生した当日に何をするのか,3日以内にすべきことは何か,1週間では,1カ月では,学期単位では,1年では,と複数の重複するターム（期間）を設けることが時間軸の要点です。

　例えば,不幸にして自死事案が発生した場合,まず行わなければならないのは対応本部の設置です。この本部がテーマと時間軸を整理します。もし,このときテーマと時間軸が思い浮かばなかったり,どのように配置してよいか混乱したりする場合,それは校長をはじめとする校内の教職員だけでは事態に対応できないというサインです。早急に行政や心理職など緊急支援チームの要請をすることが最初の仕事になります。校内だけで対応できないことを恥じる必要はありません。外部の支援を活用することは,事態を冷静に捉え,整理し,児童生徒や保護者等に誠実で正しい態度をとるための方策です。本部は事態の把握,関係児童生徒・保護者への対応,警察関係者への接触,行政へ報告を行うのと同時に,全校の児童生徒に事実を説明しなければなりません。このとき,各学級で各担任が必要だと思うことを独自に判断して児童生徒に話せば取り返しのつかない混乱をもたらすことになるでしょう。全校集会を開き,校長から話す場合でも準備をしなければ同じ危険を犯すことになります。全校集会の際には,当該児童生徒の尊厳を守ること,動揺する周囲の児童生徒に必要なメッセージを提供すること,事態が収束したあとも引き続き児童生徒として受け入れなければならない,加害者と呼ばれる児童生徒へ配慮すること,学校としての行政上・民事上の責任を考慮することなど,多方面から説明内容や表現を点検した読み原稿を作成して臨まなければなりません。これがクライシスマネジメントの発想のスタートになります。周囲の児童生徒への配慮ひとつをとっても,ケアにあたる段階,心理教育を行う段階,事実を受け入れる段階,そして亡くなった児童生徒のことを学期末や行事ごとに想起する段階など,タームを区切って目的を明確にした支援を,時間軸を意識して計画的に実施することが求められます。

　これはクライシスマネジメントの一端です。ここで述べたクライシスマネジメントの発想は重大事態に至った場合にのみ発動すると考えてはなりません。大人には些細に見える小さないじめ事案

であったとしても活用すべき発想です。その場だけの思い付きの方法による対応にはテーマと時間軸の視点が欠けています。発達上の課題のある児童生徒に個別支援計画を作成するように，それぞれのいじめ事案に対応する大きな視点の表を設け，事態をマネジメントすることが重要です。

コ. 真実に近づく文章表現

文章表現は形式的なことではなく，その書きぶりによって真実に近づくことにもなれば，事実を曖昧にすることにもなります。事実を客観的に捉えることは，とても難しいことです。いじめ事案で生じた事実を書き起こそうとするとき，加害者であれ被害者であれ，発せられた言葉を直接話法にするのか，間接話法にするのか迷いが生じます。子どもの語ったことを「　」をつけて直接表現すれば，客観的な事実のようにも思えますが，切り出された一部の言葉が全体を現しているわけではありません。そこには切り出した側の意図や理解が反映されます。また，文脈の中で語られた発言を書き起こしてみると，実際に使われた表現とは正確には一致しないことがしばしばあります。これが「そのような発言はしなかった」「そんな言い方はしていない」との反論が生まれる理由です。このような問題を避け，また，全体を捉えようとして「　」を用いず間接話法で記述した場合も，同様に全体をまとめた側の意図や理解が反映されます。いずれを用いても，当事者が事実でないと感じたときには，真実の解明が難しくなるだけでなく，関係する人々を傷つけることにもなります。

この問題を解決するために必要な工夫は，誰から見ても揺るぎのない真実は存在しないという覚悟かもしれません。まず，その事実は誰が語ったのかを明瞭にする必要があります。もし，語られたような事実はなかったとしても，その人物がそう語ったこと自体は事実です。このように，文章を読んだ側ではなく，語った側が同意できる表現を使うことが要点となります。それには一般的に間接話法を用いることが多いようです。

これらに留意していると，憶測，伝聞，感情による決めつけと客観的事実を区別することができるようになります。そして，事実の記録を徹底します。例えば，「誰が殴ったことを確認したのか」を確認します。同時に，語っている人の主観的な理解を記述する場合は，内容そのもの以上に，誰にはそのように見えているのかを記述することが重要になります。伝聞に関しては，出所を明らかにし，得られた情報のソースをはっきりさせます。具体的には，語っている本人が「見た」のか，「聞いた」のか，「思った」のかを区別します。「見た」が出なければ，噂に過ぎません。「見た」というのが，一人や一定の人数に留まるのなら，それが真実であるかそうでないかを調べ，その結果，事実なのか事実と言えないのか，調査責任者が判断します。このような丁寧な取組は真実に近づくために重要である反面，子どもをはじめ，調査対象者に負担をかけることにもなります。その負担は過度になれば調査者への不信につながることもあります。

サ. 希死念慮と自殺企図を区別できているか

人間には，原因と結果を結び付けて考える習性があります。「いじめがあったから不登校になった」あるいは「いじめがあったから自死した」，このようなストーリーは理解しやすいものですが，現実とはやや異なります。少し広い例ですが，「子どもが反抗的な態度をとったから体罰をした」というストーリーに人々は納得するでしょうか。子どもがどのような態度をとったとしても，体罰は

許されないと考えるほうが一般的で正常です。そこには，子どもの行動が教師の行動をにわかに決定するわけではない，という常識が働いているからです。さらにいえば，子どもの態度が反抗的だと判断したのも教師であり，客観的な事実とは異なるのかもしれません。教師は子どもが反抗的な態度に見える状態であっても，自らの能力や姿勢，認知的評価を総動員して，教師として適切な方策を選択しなければならず，多くの場合，実際に選択しています。

　子どもも同様に，外から何かをされたからといって，自動的に自分の行動が決められてしまうのではないのです。これは，いじめがあったときに「学校に行きたくない」と思うことや，「いじめがあったから死にたい気持ちになった」という言葉を否定しているわけではありません。「学校に行きたくない」「死にたい」との思いから不登校や自死という行動に至るまでの間には，たくさんの複雑な要因が絡んでいることを知っておきたいのです。その要因には，いじめという課題がどのくらい大きく見えたのか，その課題に対処する方策をどの程度豊富に持っていたのか，いよいよ追い詰められたときに自分を助けてくれる人物を思い浮かべることができたかどうか，などが含まれます。報告書の中にはこうした人の理解と行動との間にある複雑な要因を念頭に，「いじめは希死念慮を生じさせた」と断言しながら，いじめと行動としての自死の因果を認めていないものも見られます。いじめが死にたい気持ちを大きくさせたが，それでもいじめと自死という行動との間の因果は不明だ，というものです。社会がこのような考え方を受け入れるか否かは世論に任せるしかありませんが，思考と行動を区別して子どもを理解しようとする姿勢は有益な支援方法を検討する上で重要なものとなります。

シ．事実認定中心なのか，改善の提言に焦点を当てているのか？

　報告書が作成される目的は，子どもの行動に関する事実を明らかにすることと，学校の対応（未然防止・早期発見・適切な対応）に関する事実を明らかにすることと，これを踏まえて同様の事案の再発防止に向けた提言を行うことです。しかし，この3点がいずれも十分な形でまとめられた報告書に出会うことは稀です。多くの報告書は子どもの行動に関する事実に焦点を当て，いじめの全容を明らかにすることに労力を割いてはいますが，それを防ぐことができなかった学校の落ち度に関しては，抽象的に指摘するにとどまっています。学校の対応の問題を丁寧に指摘する報告書であっても，その後の再発防止の提言はこれを踏まえず，抽象的な指摘に留まるものがしばしば見られます。少しせちがらい話ですが，学校以外が設ける，いわゆる第三者委員会が活動するにあたっては，学校設置者または当該自治体の公金が投入されます。公平な調査を期待して地元の関係者を避ける風潮があることから，委員会を1回開催するごとに，大きな予算が必要となります。高いお金で買う報告書に書かれている内容が「いじめがあった」だけでは満足できません。被害者も被害者の保護者も口をそろえて望むのは再発防止です。報告書で指摘されるべき3点について，とりわけ再発防止に係る事項が十分に記述されることが求められます。

| 子どもの危機レベル | コラム 18 |

「すべての児童生徒を全力で支援したい」——そんな誠実な願いや真摯な意欲は，自死対応の妨げになることがあります。いじめ対応はときに自死対応でもあります。それは「対象を限定して時間と労力を集中する」という危機対応なのです。そして，確実に命を救うためには，対象となる子どもの危機レベルを査定することが必要になります。それは，端的にいえば「自死が心配される子ども」「自死が心配され，すでに着手したことがある子ども」「危機に直面している子ども」の査定です。以下で，その特徴と対応について考えてみましょう。

ところで，この区別を，それが教師であっても心理職であっても，支援者一人で行うことはおすすめできません。支援者が自身で情報を収集し，自身でレベルを判断し，自身で介入しようとすれば，考えが偏りがちになり，結局はより多くの，ときには全員を危機レベルの高い支援対象者だと思い込み，結果的には終わりのない努力をするばかりで，時間と労力を集中して命を守るという取組ができなくなるからです。

「自死が心配される子ども」に対する現実の介入では，「自死すべきではない」など「べき」を強調することよりも，気持ちに注目することで，自死以外の選択肢や望みについて整理することが可能になります。例えば，「つらいから死にたい」という訴えがあったときに，「『死にたい』と言いたくなる<u>ほど</u>つらい」と理解し伝え返すことで，「感情」を扱い，自死以外の「手段」について話し合うことが可能になることもあります。さらに，例えば「楽になりたい」「思い知らせてやりたい」など，死ぬことで得たいと思っている核心部分を理解できることもあります。そして，率直に「心配している」「死んでほしくない」と伝えることも有効です。それは「私」の気持ちや望みを「あなた」に伝えるものであり，「私」と「あなた」の「関係」を強調し孤独感を緩和する

4. 保護者会の持ち方

保護者は学校でおきたトラブルに敏感に反応します。事態の理解が曖昧であったり，情報が不足していたりすると，保護者は不安を大きくします。学校はその不安に応えて保護者説明会を開きますが，これを成功させるのは容易なことではありません。保護者の「知りたい」というニーズは不安という情緒を源泉にしているのに対し，それに見合うだけの，つまり，安心を得るのに十分な情報を提供できないからです。このとき考えなければならないのは保護者会の目的です。説明責任を果たす保護者会から保護者を資源にするための保護者会へとその意味を変えることができれば，保護者にとっても学校にとっても，そして，児童生徒にとっても有益なものになるでしょう。もちろん，保護者の「知りたい」に応えることもあります。しかし，それはあくまでもニーズに応える取組であって，資源を増やす取組ではありませんし，学校が事態をコントロールできているのであれば，保護者会が混乱することもありません。「保護者会が混乱する事態を避けたい」と願っている時点で，

工夫なのです。

「自死が心配され，すでに着手したことがある子ども」に対しても，上述の方法は有効なのですが，支援者は，すでに着手したことがある子どもの危険度を十分理解しておく必要があります。着手には，「高いところに立って下を眺めたことがある」「リストカットをしている」を含みます。自死のハイリスクとは，一度でも試したことがある子どもなのです。「自死が心配される子ども」に対する目標が，自死以外の手段でも望むものが得られることに気づいてもらうことであるのに対し，「自死の危機に直面している子ども」への介入のねらいは，安全を確保し自死をさせないことです。しかし，教師や心理職など公的な支援者は当該児童生徒の生活の半分以上の時間をみることができません。家庭との連携は必須です。このとき当該児童生徒から「秘密にしてほしい」と言われ，対応に困ることも珍しくありません。ここでの要点も，すでに述べた「得たいと思っているものは何か」という点検が有効です。秘密にすることで何が得られると考えているのかを児童生徒とともに点検することで，そのこだわりを解消させることが可能です。さらにチームで動く場合，例えば「スクールカウンセラーに会ってみましょう」ではなく，「スクールカウンセラーにも会ってみましょう」と表現することが大切です。わずかな違いのように見えますが，前者には「見捨てられた」と思わせる大きな危険性が含まれています。そうではなく，「私はこれからも支援し続ける」というメッセージを伝えなければなりません。それが子どもから信頼され，告白された教師の責任です。また，この段階では「今度生まれ変わったら」など非現実的で空想的な表現が用いられることがあります。それは危険な兆候である一方で，なりたい姿・状況を述べているのですから，何を求めているのかを理解する好機でもあります。

文　献

山本奬 (2016). 思春期の自殺予防. 高校保健ニュース，570 号，573 号，576 号.

事態は学校だけではコントロールできない状況に陥っているのです。この重大事態という混乱の中にあっても，加害者や被害者や周囲の児童生徒に指導援助をしようとするとき，学校が自力でできるだけの力量を備えていれば，そして，保護者がその学校の取組を信じられている間は，保護者会を開催する必要はないのです。

(1) 保護者会の要否の判断をする

　保護者が希望するから保護者会を開催するという判断が最も誤っているものです。判断の順序は普段の教育活動となんら変わりません。まず，児童生徒のために何をしなければならないのかを考えます。そして，それを担任や学年団や分掌などの誰が行うのか，また行いきれるのかを判断，査定します。このとき，その役割を学校だけで遂行しきれないのであれば，外部の資源が必要になります。それは警察であることもあれば，教育行政や相談機関であることもありますし，保護者など家庭教育に求めたいこともあります。例えば，いじめの重大事態においては，加害者，被害者の家

庭の力だけで事が遂行できることもありますが，支援対象者は当事者だけではありません。加害の面であれ被害の面であれ，周囲で事態に関わった児童生徒がいれば，彼らへの介入が必要になります。周囲で事態を見ていて何もできなかったという自責の念にかられている子どもも，また今回の事態には何の関わりももたなかったとしても過去の経験や今後の不安に照らして心配を大きくする子どもも，支援対象者になります。広く子どもたちを支える家庭教育が必要であれば，保護者会を開く必要があります。

　この手順で行えば，保護者会の開催を決めたときには，保護者にどのような役割を担ってほしいのか，どのような視点で子どもを観察してほしいのか，具体的に何をしてほしいのかがすでに見えています。過去の重大事態において，保護者が納得せず混乱する保護者会に至っているケースでは，しばしばこの目的が未整理で，単に説明責任を果たすつもりで準備不足のまま開催されているように見受けられます。また，説明のために十分な準備をするだけでは，結局は納得が得られず，混乱を来しているように思われます。

　当然，保護者は事態収拾の責任は学校にあると思っていますから，要求だけをされれば反発を招くことになります。学校は保護者会が必要だと思うに至った経緯をまず説明しなければなりません。それは具体的に何が起きたのかという事実の説明であり，それを防ぐこと，あるいは適切な対処が即時にできなかった原因の説明であり，そして，どのように改善・対処しようとしているのかの説明でもあります。その改善と対処の大きな全体像を示し，学校がどのような方針・方策を持っているのかを説明し，同時に学校の限界を提示して，保護者の役割が不可欠であることを述べる必要があります。

　要点は以上ですが，保護者の理解を得るためには児童生徒や保護者の利益か学校の不利益を提示するのが作法です。例えば，外部からカウンセラーを新たに入れるのは利益となり，担任をその職から解くことは不利益となります。

（2）保護者会の分担を決める

ア．事態を説明する係

　保護者会を実際に運営するときの要点は，分担です。最終的には保護者にも役割を分担してもらいますから，学校側の説明もそれぞれの部面を校内または校外の資源を使いながら分担して行うと，ねらいを実現しやすくなります。まずは，いじめの重大事態が疑われる事案として何が起こったのかを，学年長または生徒指導担当が事実に基づいて説明します。ここでは当該児童生徒の直接の支援者である担任と，これからの方針・方策，あるいは学校の判断を語らなければならない管理職を避けることが要点になります。

　何が起こったのかは，客観的な事実です。「いじめがあった」と言いたいところですが，その判断は次項で説明する学校の判断の場に譲りましょう。ここでは学校の判断ではなく事実そのものが語られることが必要です。しかし，現実には子どもたちは日常の中で相互に様々な体験をしていることから，そのすべてを説明することは不可能です。加えて，限られた保護者会の時間の中では，重大事態の報告書に示されるような詳細な報告はできません。まずは保護者に，どのような問題があったのかという全体像を把握してもらう必要があります。法が定める事実と苦痛の一対の関係は

棚上げにし，どのような人間関係が存在したのかを語り，遠い過去から順序立ててではなく，直近の事実をその人間関係の具体例として数件に限定して説明するほうがよいでしょう。そこでは重大事態が疑われた根拠や，保護者会を開く必要があると教師が考えるに至った根拠を示す必要があります。保護者は事実の証明や全体にわたる詳細を求めているわけではなく，心配に値する出来事が起きたという事実を把握したいのです。

イ．事態の原因と改善を説明する係

次に，担当を替え，深刻な事態に至った原因と改善するべきことを説明します。そこには学校の方針と方策，いじめか否かの学校の判断が含まれます。このときの要点は全体像を示すことです。その全体像には，この問題に関わる加害被害をはじめとする多様な子どもたちという側面と，過去，現在，未来という時間的側面の両方が含まれます。前者については，一般的な子どもたちではなく，来場している個々の保護者の個々の子どもを意識した語りが重要になります。後者については，ここ数日の間に，1カ月の間に，学期間や年間で，という多様な期間を意識した展望を示すことが大切です。この役割は組織と計画をマネジメントする責任を持つ管理職があたることが要点になりますが，その中でも校長が担うことが良策です。副校長が適任だと思われる学校もありますが，このあと展開される質疑応答の場面では校長の登場なしには乗り切れないことから，この時点で校長が責任を示すことがよいでしょう。

校長は原因と改善策を示す前に，まず報告された人間関係や，保護者が心配するに値すると理解した出来事を，学校としていじめと認識しているのか，その結論を明らかにする必要があります。出来事や原因や対策に係る話は学校にとっては極めて重要なことではありますが，いじめに当たるか否かの結論なしに延々とこれを聞かされれば，その曖昧さに保護者は耐えられなくなります。もし，学校がいじめと認識するのであれば，それを率直に伝えたほうが，被害を受けた側の保護者としても，あるいはその情報に触れ心配を募らせている周囲の保護者としても，報われた気持ちになります。その一段落が，次の説明，すなわち学校が何を原因と考え，これからどのような方針で何を方策としていくのかを，保護者に安心して聞き取ってもらうきっかけとなります。

ここでもうひとつ注意を払いたいのは，その場に被害者の保護者や加害者の保護者やそれぞれと意見を同じにする保護者がいるという事実です。被害者側の納得を得ようと全力を尽くし加害者側への配慮を失えば，必ず事は混乱しますし，その逆のバランスになっても同様です。そのためにも学校はあらかじめ被害者，加害者それぞれに必要な支援を整理しておかねばなりません。その整理された方策を念頭に語ることができれば，それが配慮につながります。

ウ．子どもの心身の反応への理解について保護者へ要請する係

学校が独力で事態を収めることができないのは，子どもたちの多様な心身の反応に対応しきれないためでもあります。事態における立場にかかわらず，子どもたちの思考，感情，行動，身体には反応が現れます。しかも，それは社会性という鎧を脱いだ自宅で，すなわち保護者の前で表出されることが多いものです。子どもたちは自らの反応そのものに気づくことができず，かりに気づいたとしても初めて経験するその反応に戸惑い，扱い方がわからず混乱します。学校だけで彼らを支え

ることは不可能であり，保護者にその反応を発見すること，対応すること，援助を求めることを役割として担ってもらう必要が生じるのです。

まずは，この反応について保護者に理解してもらわなくてはなりません。加害者・被害者およびそれ以外の子どもにこれから起こると予測されることを知っておいてもらうことは，何を心配すればよいかが明瞭になるため，とても有効です。「何が起こるかわからない」という曖昧さが解消されることで，保護者が役割を果たしやすくなります。教師にとっても心身の反応を扱うことは不慣れで難しいことです。例えば，周囲にいた児童生徒は教師からは規範意識の不十分な傍観者と見えることが多いようですが，実際には，「自分のせいではないか」「自分が止めなかったからではないか」などの自責の念を募らせていることが少なくありません。さらに加害者とされる児童生徒への攻撃が過熱している場合には，当該児童生徒だけでなく周囲の児童生徒も自らにその矛先が向くのではないかと恐怖を感じたり，あるいはそうならないために被害者側に立って過度の攻撃に走るケースもあるでしょう。周囲の保護者もはじめは被害者側に立ち，学校と加害者を責めることが多いのですが，わが子の心身に何らかの反応が表出しはじめると戸惑う様子を見せるようになります。

ここでは，校長から説明される方針・方策の中に子どもたちの心身の支援を位置づけ，その対応の資源として外部の心理職の配置を提示することが求められます。外部から招かれた心理職が子どもたちに現れる心身の反応を説明し，保護者に観察や対応や援助要請の仲介等の役割を担ってくれるよう依頼することが要点です。学校も保護者も心理職も共に子どものことを心配しているのですが，保護者からすれば責任を持つべき学校から依頼されるよりも，外部の心理職の訴えのほうが耳障りはよいものです。

エ．会を進行する係

曖昧さに耐えることは誰にとっても容易ではありません。重大事態においては，全容や真実やこれからの有効な方策がわからず，保護者はただでさえ曖昧な状況に置かれています。これ以上，曖昧さを増やすことはできるだけ避けたいものです。最初の保護者会を開いて情報提供等を行った後は，次にいつ学校から情報が提供されるのか，その見通しを示すことが求められます。先述した方策としての見通しが学校のためのものであるとすれば，これは保護者のためのものといえます。以降，保護者の不満が大きくなることがあれば次の保護者会を開く，という姿勢では，曖昧さを大きくし，保護者の不安をあおります。来週の同じ時間に保護者会が開かれるという見通しがあるだけで，実際に次回の保護者会に参加するか否かは別にして，保護者は安心感を得られます。

この見通しは，事実を説明したり原因や方策を整理したりする役割を担う学年長や校長が兼ねると，あたかも次回までの時間稼ぎをしているように受け取られかねません。司会に徹して質疑やテーマをコントロールする，会の進行役が必要です。司会は台本どおりに行えばよいものではなく，保護者の求めるものを捉え，整理する力が求められます。内容そのものとは距離をおき，会を進行させるこの役割は，教頭や副校長が行うことが多いようですが，力量によっては教務主任が担うほうが立場上からも合理的です。

オ．会をマネジメントする係

　司会が表の進行役だとすれば，それとは別に裏の進行役を設定しておく必要があります。保護者会は不測の事態の連続です。事案に関心のある地域の人が突然の参加を希望することもあります。事案の大きさによっては，報道関係者が会の公開を求めることもあります。あらかじめ参加者の基準を決めることは重要ですが，受付の係にその判断と対応を任せるのは荷が重すぎます。また，特に被害者が深刻な事態に陥ったケースでは，加害者や被害者の保護者の参加の有無が会の雰囲気に影響することが多いのですが，当事者の参加の有無についてはその場にならないとはっきりしないものです。そのほか，会場の大きさによっては，マイクを通さずに質問を受けていると不規則発言が多くなり，収拾がつかなくなることも珍しくありません。当該児童生徒の担任が会場にいたほうがよい場合もあれば，いないほうが目的を達しやすい場合もあります。また，例えば，着座のまま質問に答える校長を起立させる必要が生じることもあります。会場の雰囲気を捉え，進行役にテーマの切り替えを促すこともあります。質問に対する回答者を適切に振り分けることが必要になることもあります。これらの判断や指示は，保護者から見える立場にあり対応の当事者となっている校長にはできません。また，内容や判断から一定の距離をおいている進行役だけでもできません。そもそも，これらは会場を自由に動き全体を調整する黒子の役割です。このフロアマネージャーを置かずに保護者会を開くことはとても危険なことです。この係には主幹教諭等を当てることが求められます。

カ．記録し観察する係

　保護者会は，保護者に役割を分担し，対処の一員に加わってもらうプロセスであっても，その本質が危機対応であることに違いはありません。学校側が役割を分担し，フロアマネージャーを設け，安全に展開しようとするのは，保護者会が危機対応だからです。危機対応の原則のひとつとして「記録」があります。保護者会についても記録を残すことが大切です。あらかじめ決められたとおりの説明や提案がなされていたのか，保護者がどのような点に戸惑って質問をしたか，これについて学校の誰が何と回答したのか，さらに何が約束されたのかを記録する必要があります。特に質疑の過程で約束されたことが誠実に履行されることは，このあとの事態の収束に大きな影響を与えます。当事者の記憶は常に曖昧なものです。それは保護者だけでなく，校長を含めた全教職員にいえることです。同時に，記録には事態を冷静かつ客観的に振り返り，自らを観察する機能があります。保護者会を行った後，そこで何がどのように展開されたのかは，記録をもとに教職員により確認されなければなりません。その意味で記録はとても重要です。会に臨む前に，実際に対応にあたる当事者から一歩距離を置いた立場にある記録係を設ける必要があります。

キ．学校外に設けておく役割

　会をマネジメントすることや記録・観察することは，当然，校長の指揮下で学校の教職員が果たすべき役割です。しかし，重大事態に係る保護者会を学校の判断と学校の力だけで開催すべきではありません。事態をコントロールするもう一段大きな枠組みでこれを支える必要があります。その役割を担うのは学校の設置者です。例えば公立学校においては，都道府県や市町村の教育委員会の

事務局職員である指導主事等が担うことになります。学校の力だけで保護者会をコントロールしきれない場合や，学校側が考える解決に保護者の望みを収斂できない場合に備えて，事態を観察しマネジメントする役割を学校外にも設けておく必要があるのです。

5. マスコミへの対応

　保護者会での対応から得たヒントが日常におけるいじめ対策に援用できるように，マスコミ対応から得られるヒントが日常のいじめ防止や緊急時の対応に活かされることを期待して，以下に述べていきます。

　重大事態が生じると，学校はマスコミを警戒します。事案にまつわる情報を収集し，部分を誇張して事実と異なる印象を周囲に流す組織に見えてしまい，敬遠したいのかもしれません。しかし，そのような報道を行わせているのは，学校の姿勢だと考えたほうがよさそうです。マスコミが求めているのは，明瞭でよく筋が通る合理的なストーリーであり，学校がそれに応えていないことが原因なのです。

　情報を集めるために学校を訪問する記者は，事の大小や，記事としてどのように紙面に掲載するのかを判断する責任者ではありません。記者会見をするとわかるのですが，それが終わると記者はすぐに上司であるデスクに事態を報告しています。記者は上司に簡潔明瞭な報告を行う必要がありますから，学校の発表が曖昧であったり，要領を得ないものであったり，事実を隠そうとする姿勢があったりすると，追加の取材や突っ込んだ質問をしてきます。記者自身が上司に要点を報告できず困っているからです。学校は，要点を押さえて話すこと，そしてわかっていること，いないことを区別して全体像を伝える姿勢を持つことが重要になります。

　一方，話すことを少なくして，質問されたことにだけ答えようとする姿勢は，部分は見えても全体が見えないことから，受け手はいらだちを募らせることになります。全体の絵を理解してもらってから，個別の具体的なことを話すことが原則です。小さな出来事に関する情報が脈絡も曖昧なまま提供されれば，辻褄が合うように情報が追加されたりしてしまうものです。加工されたフィクションであっても，事実を含むストーリーがよくできていれば，新たな事実として社会に広がっていくことになります。

　人はよくできたストーリーによって納得のいく状況がもたらされることが大好きです。それはマスコミだけでなく，地域の人々も保護者も児童生徒も同じなのです。重大事態，特に自死を伴う場合にはすでに大きな不幸が生じていることから，そうした不幸という結果に対し，それを生じるにふさわしい原因が一組となって提供されることを，人々は求めるのです。原因に当たる部分を隠そうとすれば，マスコミも人々も辻褄の合う因果になるように原因に当たる部分を想像で補うのです。それは人の性なのです。

　マスコミに話を戻すと，知りたいことの第一は不幸な出来事の原因として，それに相応しい大きさの出来事であり，いじめはその典型といえます。ですから，第一の関心として「いじめがあったのか，なかったのか」という点を捉えたがるのです。次に，いじめをするに相応しい加害者の普段の言動や人となりに関する情報を求めてきます。加えて，被害者が何にどのように苦しんでいたの

かという情報や，周囲の児童生徒もそれに気づいていたのではないかという情報も必要になるのです。しかし，加害者とはいえ子どもですから，その言動だけでは大きな不幸とバランスのとれる原因にはなりません。釣り合いのとれた原因として求められるのは，教師がそれに気づいていたのか，早期に適切な対応を取らなかったのではないかという学校側の責任に関わる事実なのです。そのようにして収集された情報は，それぞれ事実の一部分ではあるものの，ストーリーが通るようにつなぎ合わせたときには，事実と異なる姿になっているのです。よくマスコミがストーリーを作ってから取材に来ると批判されるゆえんは，このようなことなのかもしれません。マスコミは大きな不幸に見合う大きな原因を探そうとしているだけであっても，取材される側には，その大きな原因をいじめだと決めつけられているような気になるでしょう。

　先にも述べましたが，辻褄の合うストーリーを欲しがるのは，マスコミに限ったことではなく，人の性なのです。マスコミが欲しがる情報は，被害者の保護者を含め，皆が同様に欲しがる情報であることを心得ておきましょう。重大事態に際しては，その点を踏まえた情報提供や説明が必要であることを理解したいものです。

　また，記者会見を行う際，ほんの少し心づかいをすることで会が順調に進む場合があります。例えば，会場となる部屋の後ろ側に扉があり，出入りが自由になっていること，駐車スペースや待機場所が明示されていること，何時から誰が会見を行うのかを周知すること，事態の要点を要領よくまとめた資料を配布することなどです。未知のことに向かうとき，人には不安が伴うものですが，その不安を軽減させることが，無用な混乱を避ける有効な手立てとなるのです。コツのひとつは，上述のとおり，わかっていることを明瞭に伝えることですが，もうひとつのコツとして，心づかいがあるのです。心づかいをすることはマスコミにおもねることではなく，相手の不安を軽減し，こちらの伝えたいことを確実に伝え，曖昧さを排除する手段なのです。このことは，被害者やその保護者，周囲の人々に対しても同様です。

　他にも，自死については特有の要点があるので，それを述べておくことにしましょう。自死があったとき，なんとしても防ぎたいのはその連鎖です。連鎖を断つためには，自死の手段を具体的に児童生徒にイメージさせないという配慮が必要です。マスコミには手段の詳細を報道しないこと，現場のイメージが湧くような写真を使わないことを要請する必要があります。会見場については，学校ではなく市町村教育委員会や都道府県教育委員会など行政機関を用いたほうがよさそうです。児童生徒への刺激を軽減できること，会全体に対するマネジメントを指導主事が行いやすくなること，事案の責任が学校設置者にあることをイメージさせやすくなることなどの利点があるためです。会見を開くタイミングは，早すぎれば憶測をよびやすくなり，遅すぎれば隠ぺいを疑われることになります。これを避ける方法が会見予定の明示です。そして，その予定を確実に守ることです。

＊　　　　　　　　　　　＊

　本節「マスコミへの対応」は，対応のノウハウを詳述することを目指したものではなく，その対応から得られるヒントを日ごろのいじめ対応や重大事態への対応に活かすことを目的とするものでした。そこでまず指摘されたのは，学校が明瞭でよく筋が通る合理的なストーリーを準備することでした。それは噂や事実でないことを排除した，真実に基づくもので，決して創作部分があっては

ならないものです。そこでは，わかっていることとわかっていないことを区別する真摯な姿勢が求められます。さらに，いじめとは何かという法令に基づく正確な情報と，なぜいじめが生じるのかという人の心と行動に関する背景理論が必要になります。

その明瞭でよく筋が通る合理的なストーリーには，何が重大事態に至らせたのかという原因が含まれます。つまり，不幸な出来事に見合う大きさの，人々が納得する原因です。それは「加害者が悪い子どもだったから」ではなく，学校がなぜ事態を防げなかったのかという追求であり，改善策を導き得る具体的な問題点です。そして，その改善策もこのストーリーに含まれます。学校は事態を受けて何を改善しようとしているのかを示さなければなりません。それは「もっと注意を払って頑張る」という精神論ではありません。学校が守り，果たすべきルールとして具体的に書き出すことができる仕組みと，児童生徒の理解や行動を変えることができる，人の心と行動に関する背景理論を踏まえた具体策です。その明瞭でよく筋が通る合理的なストーリーが受け入れられるうえで鍵となるのが，情報の受け手の立場に立っての心づかいであり，それは安心感の提供でもありました。

冒頭から説明しているとおり，これらはマスコミ対応だけに有効なものではなく，むしろ日ごろのいじめ対応や重大事態への対応の要点そのものといえそうです。マスコミを避け，あるいはこれを否定する学校は，校内で生じた重大事態やいじめ問題の「被害者」や「加害者」，その保護者や周囲の児童生徒に対しても，同様に，何が起き，それを学校としてどのように受けとめているのか，事案が生じた原因はどこにあるのか，その改善のために何に取り組むのかのすべてを曖昧にし，配慮に欠ける姿勢を取る学校なのかもしれません。

教師もカウンセラーも，学校関係者であれば誰もが，上述とは逆に，いじめ問題と具体的な事象を正しく捉え，事態に至った原因を特定し，具体的な改善を重ねることで，優れた未然防止，早期発見，適切な対応を実現したいと願っているはずです。本書はその願いに応えるために著されたものです。

資　料

◆ 【記名式】　学校生活アンケート （例）
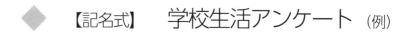

◆ 【無記名式】　学校生活アンケート （例）

＊各アンケートは，このまま実施するのではなく，これで何が聴き取れるのか，聴き取れないのかを学校で話し合い，改善のアイデアを出し合うことが大切です。

学校生活アンケート　　　年　　組　　番　氏名（　　　　　　　　）

① あなたの最近の様子（状態）について教えてください。あてはまる数字に○印をつけてください。

(1) 体調は良いですか？
5. とても良い　　4. やや良い　　3. どちらとも言えない　　2. やや悪い　　1. とても悪い

(2) 眠れていますか？
5. とても眠れる　4. やや眠れる　3. どちらとも言えない　2. やや眠れない　1. まったく眠れない

(3) 食欲はありますか？
5. とてもある　　4. ややある　　3. どちらとも言えない　　2. ややない　　1. まったくない

② 学校生活の満足度を 10 点満点で表し，当てはまる数値に○印をつけてください。

（満足）10 － 9 － 8 － 7 － 6 － 5 － 4 － 3 － 2 － 1 （不満）

③ 今，あなたが頑張っていることや熱中していること，楽しい時間などについて教えてください。

資料：【記名式】学校生活アンケート（例）

④ 今，困っていることや気になっていることがありますか？　あてはまる数字すべてに○印を
つけてください。

1．勉強　　　2．部活動　　3．進路　　4．友人関係　　5．いじめ　　6．健康
7．家庭　　　8．学級の雰囲気　　9．なんとなく不安　10．その他（　　　　　　　　　）

⬇

○印をつけたことについて，書ける範囲で内容を教えてください。

---

⑤ 困っていることや気になっていることなどについて，先生やスクールカウンセラーなど，誰か
に相談してみたいですか？　あてはまる数字１つに○印をつけてください。

1．相談したい　　　　　2．今は相談しなくていい　　　　3．何も困っていない
　➡️ 1．の場合の希望　1．担任　2．スクールカウンセラー　3．その他（　　　　　　　　　）

＊次回，このアンケートは　　　月　　　日に行う予定です。

留意点

Ⅳ章 2.（4）「アンケートによる発見」（p. 75 ～ 80）を参照してください。
回収時のことを配慮し，片面印刷になるように作成することが原則です。

学校生活アンケート

このアンケートは，みなさんが学校生活を楽しく送れるようにするためのものです。先生たちは，みなさんのことを知って，みなさんが安心して学校生活を送ることができるように助けていきたいと思っています。このアンケートに書いたことは，他の人に見せたり話したりしないので，安心して書いてください。

① ○月から○月まで，次のようなことがありましたか。あてはまるものに○印をつけてください。

	A されたことがある	B 見たり聞いたりしたことがある	C されたこと・見たこと・聞いたことはない
(1) ひどいことや，嫌な気持ちになるようなこと。	A	B	C
(2) からかわれたり，たたかれたり，けられたりすること。	A	B	C
(3) 嫌なことや恥ずかしいことや危険なことを無理にやらされること。	A	B	C
(4) 無視をされたり，仲間はずれにされたりすること。	A	B	C
(5) 避けられること。	A	B	C
(6) インターネット上で，悪口を書かれたり，写真や動画をアップされたりすること。	A	B	C

② クラスの雰囲気の良さを 10 点満点で表し，当てはまる数値に○印をつけてください。

(良い) 10 ― 9 ― 8 ― 7 ― 6 ― 5 ― 4 ― 3 ― 2 ― 1 (悪い)

資料：【無記名式】学校生活アンケート（例）

③ 今，あなたが頑張っていることや熱中していること，楽しい時間などについて教えてください。もし，クラス内にいじめられたりしていて助けてあげたいと思う人がいたら，その人の名前を書いてください。その名前は，「頑張っていることや熱中していること，楽しい時間」の文章の間に入れてもかまいません。

＊次回，このアンケートは　　月　　日に行う予定です。

留意点

①の問いは，本人に「されたことがある」と答えてもらうことに加えて，何より「見たり聞いたりしたことがある」という周囲からの情報を，（1）から（6）の例示を点検してもらう手続きを通して，得ようとするものです。

②の問いは，上の①では答えにくかった被害者本人や周囲の人物に，クラスの雰囲気をたずねるという形でいじめの存在を回答する機会を提供しようとするものです。スケール（点数）での回答によることから実施を繰り返す中で，子どもが感じているクラスの雰囲気の変化を捉えることも容易となります。

③の問いは，肯定的な質問は自由記述にしても回答しやすいことから設けているもので，読み取る際には肯定的な表現ができなくなっている回答に注目します。同時に，この自由記述の中で，いじめられている支援対象者の名前を回答する機会を提供しようとするものです。そこには，すべての子どもが鉛筆を動かす中で安全に回答できる環境を作り出す意図もあります。

おわりに

いじめ問題の解決を真剣に考えていると，次のような戸惑いや迷いが湧き上がってきます。

「本当に，学校からいじめを根絶することはできるのだろうか？」

「いじめがあったら，それは学校や担任の責任だろうか？」

「徹底して守られた子どもたちは，高校を卒業したとき，どのような姿になっているのだろうか？」

「子どもに足りないのは規範意識だけだろうか？」

「早期発見において，教師に足りないのは注意力だろうか？」

「いじめた子どもを叱り，傍観した子どもを責め，いじめられた子どもを守れば，問題は解決するのだろうか？」

いじめ問題は，「アンテナを高くし，危機意識をもって，迅速に対応する」といわれることが多いのですが，この言葉からは上の疑問に対する明確な答えは得られないように思います。そこで本書は，「子どもはこうあるべき」「教師はこうあるべき」のような「べき論」や法令や制度の紹介に終始するのではなく，学校臨床心理学の発想をてこに下記を念頭に置いて編集しました。

「Ⅰ章　いじめ問題を複雑にしているもの」では，法律に沿っていじめ対策をしようとすると，実際の場面では戸惑うことが少なくないが，法律の目的と教育の目指すところを押さえれば，児童生徒に対して有益な支援ができること。

「Ⅱ章　いじめ発生のメカニズム──行動・認知・ストレスに焦点を当てて」では，いじめ対応のアイデアの源泉となる認知や行動に関する理論やストレスモデルに基づいて事象を捉えること。

「Ⅲ章　いじめに対する予防的介入──認知行動療法をベースにしたアプローチ」では，未然防止は子どもの規範意識だけに焦点を当てるものではなく，また，いじめのない学校づくりに有益といわれてきた「わかる授業」や「自己有用感」という抽象的な在り方論ではなく，い

じめる行動や認知そのものを扱い，その仕組みに基づいて支援すること。

「Ⅳ章　いじめの発見」では，教師のアンテナの高さと注意力という際限のない努力ではなく，注目すべき視点，聞き取る際に留意すべき要点を押さえれば，子どもの言動の意味が捉えられること。

「Ⅴ章　いじめへの対応」では，加害者には毅然とした態度で臨むことや被害者を徹底して守ることという善悪に基づいた指導ではなく，関係する児童生徒がなぜ失敗をするのか，その仕組みに注目し何を支援すればよいのかを整理すること。

「Ⅵ章　重大事態への対処」では，重大事態が発生した際に「関係者に向き合って」「適切な対応」のような曖昧な姿勢に留まることなく，学校が何を果たさなければならないのかを実現できる水準で検討し，それが通常のいじめ対応に対しても援用できること。

これらが本書で述べようとしたことです。

ところで，変化する社会の中で子どもの問題行動も変化し，それに機敏に対応することが必要だといわれることがあります。本書で紹介した応用行動分析，認知行動療法やストレスモデルに基づく考え方は，人の行動や認知などに関する仕組みを明らかにするものですが，その仕組みは時代とともに変化していくものではありません。社会の変化はいじめの手段を変化させるために，子どもやいじめの本質までが変わったように見えるのですが，それは単に現れ方が変わったにすぎないのです。いじめなどの問題行動の現れ方が変わったとしても，なぜそのような失敗をするのか，その行為が繰り返されるのかという仕組みが変わることはありません。支援者は子どもの表面的な変化に右往左往する必要はなさそうです。

最後に，出版にあたり，ご助言，ご指摘をくださり執筆を支えてくださいました金子書房編集部の天満綾さんに，心より感謝申し上げます。誠にありがとうございました。

2018 年 9 月

山本　獎・大谷哲弘・小関俊祐

【初版第 2 刷　著者追記】────────────────────────────

本書は，初版第 1 刷発行時の法令に添って記述しています。実際の対応については法令の改正など国の動向に注意する必要があります。また，2 頁，4 頁に示したいじめの認知件数の最新のデータは，文部科学省のホームページに「児童生徒の問題行動・不登校等生徒指導上の諸課題に関する調査結果について」として掲示されていますので参考にしてください。

【著者紹介】

氏名：山本　獎（やまもと　すすむ）

所属：岩手大学大学院　教育学研究科　教授

略歴：埼玉県立高等学校教諭，教頭，埼玉県立総合教育センター指導主事兼所員，岩手大学教育学部
　　　准教授を経て，2015 年より現職。博士（心理学），公認心理師，臨床心理士，学校心理士スーパー
　　　バイザー。教育委員会付きのスクールカウンセラーとして勤務。専門は学校臨床心理学。

本書の担当：Ⅰ章，Ⅱ章 4，Ⅴ章，Ⅵ章およびコラム 1 ～ 6，8 ～ 18

氏名：大谷　哲弘（おおたに　てつひろ）

所属：立命館大学　産業社会学部　教授

略歴：岩手県立高等学校教諭，岩手県立総合教育センター研修指導主事，岩手大学大学院教育学研究
　　　科特命教授を経て，2018 年より現職。公認心理師，臨床心理士。公立小・中・高等学校におい
　　　てスクールカウンセラーとして勤務。専門は学校臨床心理学。

本書の担当：Ⅳ章および企画・編集

氏名：小関　俊祐（こせき　しゅんすけ）

所属：桜美林大学　心理・教育学系　准教授

略歴：愛知教育大学教育学部助教，同講師を経て，2014 年より現職。博士（学校教育学），公認心理師，
　　　臨床心理士，専門行動療法士，指導健康心理士。スクールカウンセラー，特別支援教育巡回支援員，
　　　児童発達支援センター指導員として勤務。専門は子どもを対象とした認知行動療法。

本書の担当：Ⅱ章 1 ～ 3，Ⅲ章およびコラム 7

いじめ問題解決ハンドブック

教師とカウンセラーの実践を支える学校臨床心理学の発想

2018 年 9 月 25 日　初版第 1 刷発行　　　　〔検印省略〕
2022 年 10 月 20 日　初版第 4 刷発行

著　者　山本　獎・大谷哲弘・小関俊祐

発行者　金子紀子

発行所　株式会社 金子書房

〒 112-0012　東京都文京区大塚 3 － 3 － 7

TEL　03(3941)0111（代）

FAX　03(3941)0163

振替　00180-9-103376

https://www.kanekoshobo.co.jp

本文 DTP　株式会社九夏社

印刷　藤原印刷株式会社　　製本　一色製本株式会社

© Susumu Yamamoto et al., 2018

Printed in Japan

ISBN 978-4-7608-2180-8　C3011